「仕事」に満足してますか？

あなたの適職・天職・転機がわかる ライフデザイン・ワークブック

水野修次郎・長谷川能扶子 著

福村出版

はじめに

あなたは、「仕事」に満足していますか？

私たちは、キャリアカウンセラーとして、日々、多くの皆さんの悩みや迷いと接しています。具体的には、「今の仕事が本当に自分に合っているかわからない」「今の仕事はやりがいがなくモチベーションが上がらない」「やりたいことはあるが、それでは食べていけないし、年齢的にも無理かも」などです。突き詰めていくと、「生きる意味がわからない」「働く意味がわからない」につながる悩みが多いように感じます。

悩んでいる時は、誰でも、暗いトンネルの中にいるようで、出口がなかなか見つかりません。出口を求めているはずが、同じところをぐるぐる回り続けてしまうこともあります。答えが見つからないと、だんだん意欲が出なくなり、気づかないうちに、何もしたくなくなっている人もいます。悩みの原因になっている、または悩みに拍車をかけるのが、現代社会の急激な変化です。たとえば、コロナウィルス感染予防のために、急に在宅勤務になったり、職場がクローズされたり、転職を余儀なくされた方もいらっしゃるのではないでしょうか。これ１つとっても、大きな変化です。

現代社会はきわめて不確定です。予想しなかったことが突然皆さんの生活を大きく変えてしまうこともあります。そんな中で、安定しているものは、何でしょうか。

それは、あなたの中で子供の頃から今まで、ずっと一貫して、大事にしているものであり、未来にも続いていく、あなたの人生を貫く１本の金の糸です。

「それって何だろう？」「そんなもの、私にもあるの？」と思われるかもしれませんが、実は誰もが自分の中に持っています。

この本では、アメリカのキャリアカウンセラー、マーク・サビカス博士が考案したライフデザインカウンセリングの流れに従って、皆さんが自分自身の「人生を貫く金の糸」を見つけ、人生をデザインできるよう構成されています。

ワークに取り組んで書き進めるにつれて、魔法のように、あなたの心に現れてくるでしょう。「人生を考える」ことに難しい顔をして取り組むのでなく、ぜひ、あなたの人生のストーリーをポジティブに語り、金の糸の発見を楽しんでいただきたいと思います。きっと皆さんは、「そうか、私の人生の意味って、これだったのか！」と、ご自身の心の深いところに触れ、自分の人生を愛おしく感じる体験をすることでしょう。そしてどうぞ、すべてのワークを終えた後、もう一度自分に、「『仕事』に満足していますか？」と問いかけてみてください。本書のステップに従って考えれば、皆さんが選択する道は自ずと明確になってくるでしょう。

では、さっそくスタートしましょう。

　　　　　　　　　　　　　　　　　　　　　　　　　　　水野修次郎・長谷川能扶子

目次

ステップ 1   自分をもっと深く知る   10

ステップ 2   自分の「人生台本」を作成する   42

ステップ3　これからの人生をデザインする　86

ステップ4　一歩踏み出す計画を立てる　128

column

ミズノ先生

人生の転機に直面して迷ったり悩んだりするたくさんの人を30年以上にわたって支援してきたカウンセリングの専門家。心理カウンセリング、スクールカウンセリングのほか、仕事にまつわる悩みを扱う「キャリアカウンセリング」も専門分野の一つ。単に仕事を見つける支援だけでなく、どう生き、どう働き、どうやって今よりもっと幸せになるかをサポートするための「ライフデザインカウンセリング」を日本に導入した第一人者。

花

40歳。小学2年生と4年生の男の子の母。同じ年の夫と4人暮らし。2人目の出産を機に仕事を辞め、7年間専業主婦。これから先の人生、自分は何をしたいのだろう？と悩み中。もう一度働くことも考えるけれど、今の世の中、求人も少ないようだし、不安を感じている。自分に向いていることって何なのだろう。特にやりたいことも思い浮かばない。

光

25歳。社会人になって3年目。自動車部品メーカーの開発部門に勤務。今の会社に特別な不満はないけれど、なんとなく、このままで良いのかな、と最近思うようになった。自分にこの仕事は、本当に合っているのか。この先、ずっとこの仕事をしていけるのか。不安定で、予測できない世の中だから、この先の方向性が見えない。

● 読者の皆さんが、花さん、光くんとともに、自分自身を知り、自分らしい職業を選ぶことができるよう、ミズノ先生がナビゲートします。
● 1つのステップには、7つのレッスンが含まれており、1日に1レッスンずつ進めることで、約1か月ですべてのレッスンを行えるようになっています。場合によっては、少し「寝かせて」、考える時間をゆっくり取ることも必要でしょう。期限を気にせず、自分のペースで、無理なく取り組んでください。

レッスン **0**

あなたの抱えている問題、
課題、悩みについて教えてください。

　まず「今、自分が解決したいことは何だろう？」という問いから始めましょう。なぜ、あなたはこの本を手に取ったのでしょう。あなたは、今、人生の大きな節目に立っているのかもしれません。これまでと同じやり方では通用しない、そんな局面にいらっしゃるのかもしれません。あなたの抱えている問題、課題、悩みについて教えてください。それは仕事のことでしょうか？　生活のことでしょうか？　小さなことでしょうか？　大きなことでしょうか？

> **ワーク**
>
> **30日後に、ワークブックの取り組みが終わった時、解決していると良いな、と思うこと（悩み、問題、課題）は何ですか？**

> 下の子が小学生になり、少し子育てには余裕ができました。
> せっかくの人生だから、時間を有効に使いたいと思います。でも一歩が踏み出せなくて……

> 今やっている仕事に特別不満があるわけではないのですが、このままの人生があと数十年続くと思うと、これでいいのかな？　もしかすると、他の生き方もあるのかな、と時々思うようになって……

_____

_____

_____

_____

「何が問題なのか、何が解決すれば良いのか」を言葉にして書き込むことで、整理できましたか？

　30のレッスンにあるワークを行いながら、ときどき、ここで言葉にしたあなたの「解決したい課題」に立ち戻って、考えてみることにしましょう。

本書を手に取られた皆さんの誰もが、「自分らしく生きたい」「自分らしく働きたい」と願っているのではないでしょうか。しかし、「自分らしさ」は？　と問われて、どれくらいの方が答えられるのでしょうね？　花さん、光くんはどうですか？

自分らしさ、と言われても、難しいです。とりたてて、特徴はないと思います。普通です。

カウンセリングの場面でも、「あなたの強みって何ですか？」「あなたの特徴を話してください」などと言っても、なかなか出てこないことがほとんどなんですよ。

僕は、もし答えるとしたら、就職活動の時、面接の自己PRで考えた内容を答えますね。

なるほど。でも、その自己PRは、本当に光くんらしさを表現できているのかな？

うーん、そう言われると……ちょっとわかりません。

さまざまな心理テストなどで、自分自身のキャラクターの特色（パーソナリティ）を知ることができると聞きました。

 心理テストをしなくても、面白い方法で、もっと正確で、もっと"生きた"キャラクターを知ることができますよ。キャラクターは、人生という「舞台」で重要な役がありますし、人生の舞台では、ストーリーの主役になるのは自分自身です。主役の性格は、劇全体の流れに大きな影響を与えます。

そうなんですね！　自己PRを書くために作文したのと違うかもしれない、本当の自分のキャラクターを知りたくなってきました。

　ステップ1では、「自分自身のキャラクターの特色」、そして「自分がどんな人生の舞台で生き生きと活躍できるのか」を探求していきましょう。

1 子どもの頃好きだった人は誰ですか？
（その1）

> **ワーク**
>
> あなたが3歳から5歳ぐらいの頃、好きだった人は誰ですか？　3人思い出して、その人がどんな人だったのか、書き出してみましょう。そして、その人を表す形容詞を3つ挙げてください。

「そんな小さい時のことは思い出せない！」という方は、もう少し年齢を上げてもかまいません。思い出せる範囲で、一番幼い頃、大好きだった人、憧れていた人、尊敬していた人、お気に入りだった人、いいなぁーと思っていた人……は誰でしょうか？

幼稚園の先生、いとこのお姉さんなど、実在の人物はもちろん、アニメやゲームのキャラクターなど架空の人物でもけっこうです。スポーツ選手、歌手などでもかまいません。ただし、自分を育ててくれた人（保護者、育ての親など）は除いて考えてみてください。

そして、「その人を表す形容詞」は、一般的に言われていることでなくて、「自分自身がその人をどう捉えたか」に基づいて書いてください。

たとえば「『風の谷のナウシカ』が好き」という方は多いのですが、ある人は、ナウシカは「勇気がある」と言い、別の人は「誰からも好かれ、信頼される」と言います。「分け隔てなく人に親切にする」と言う人もいます。人によって、捉え方はいろいろです。

自分自身は、その「大好きな人」をどう表現するのか。キャラクター設定としては「勇気がある」かもしれないけれども、自分としてはナウシカの、分け隔てのないところが好きなのだ、という場合、そちらの方を選んで書いてみてください。

●**例：花さんの場合**
『風の谷のナウシカ』のナウシカ：優しくて、強くて、誰にでも分け隔てなく接する

●**例：光くんの場合**
『スター・ウォーズ エピソード1』のアナキン：かっこいい、度胸がある、ポッドレー

サーやドロイドを自分で作れる

私が大好きだった 1 人目の人は、_____ です。

  1）その人を表す形容詞の 1 つ目は、_____ です。

  2）その人を表す形容詞の 2 つ目は、_____ です。

  3）その人を表す形容詞の 3 つ目は、_____ です。

私が大好きだった 2 人目の人は、_____ です。

  1）その人を表す形容詞の 1 つ目は、_____ です。

  2）その人を表す形容詞の 2 つ目は、_____ です。

  3）その人を表す形容詞の 3 つ目は、_____ です。

私が大好きだった 3 人目の人は、_____ です。

  1）その人を表す形容詞の 1 つ目は、_____ です。

  2）その人を表す形容詞の 2 つ目は、_____ です。

  3）その人を表す形容詞の 3 つ目は、_____ です。

ヒント　なぜ、保護者や育ての親を選んではいけないの？

　親は生まれた時には、すでにそこに存在しているので、自分の意志で選んだことにはあたりません。ここでは「自分で意図的に選んだ人」を 3 人挙げてほしいので、保護者、育ての親は除いて考えてもらいました。

ヒント　子どもの頃に大好きだった人が思い浮かばなかった場合

　子どもの頃に大好きだった人が思い浮かばなかった場合、今までで「あんな人になってみたいなぁ」と憧れた人がいたら、その人を書いてもけっこうです。

「子どもの頃好きだった人」とあなたの関係

あなたが選んだ3人を、ライフデザインカウンセリングでは「**ロールモデル**」と言います。ロールモデルは、子どもの頃、大好きで尊敬していた、憧れの人です。実は、ロールモデルの特徴や好きなところとしてあなたが挙げた形容詞は、「あなた自身」のキャラクター、パーソナリティを表しています。ワークで書き出したロールモデルの特徴は、あなたが子どもの頃に、自ら選んだロールモデルと「同化した」あなた自身の特徴です。

これらの人々は、あなたが子どものころ、生まれて初めて「意図的」に選んだ3人です。アニメの登場人物にせよ、映画のヒーローにせよ、他にもたくさんの選択肢があるはずなのに、そして、どのロールモデルでも自由に選ぶことができるのに、あなたは「特定の」ロールモデルに魅力を感じて、自分のお手本に選んだのです。

●例：花さんの場合

花さんが子どもの頃好きだった人の1人目は、アニメの主人公、「小公女セーラ」でした。セーラは、不幸な境遇にも負けず、意地悪をされても、我慢強くそれを乗り越えました。自分が大変な状況にあっても、困っている人には優しく、優しさだけでなく強さも持っている、そんなセーラにとても憧れたそうです。どんな人かを表す形容詞をお聞きすると、「辛いことも耐え抜く」「優しい」「強い」と教えてくれました。2人目は「小学2年生の担任の田中先生」でした。「クラスの皆のことをよく見ていてくれる」「明るい」「丁寧」な方。そして3人目はナウシカで、書き出した特徴は「優しくて」、「強くて」、「誰にでも分け隔てなく優しく接する」です。

花さんは、この3人のロールモデルについて、生き生きと、嬉しそうに語ってくれました。語り終わった後、「花さん、実はこれ、花さんのことなんですよ」とお伝えしました。「花さんは、大変なことがあっても負けないで、我慢強く乗り越え、そして強さがあって、周りの人のことをよく見てあげることができる、優しい方ですよね。そして、強さがあって、誰にでも分け隔てなく接する人ですよね」とお伝えすると花さんは、一瞬びっくりして、そして嬉しそうに、「いやー、そんな……そこまで私、すごくないですけれども……でも、そうありたいな、あれたら良いな、と思っているのは確かです」と納得していました。

レッスン 2 子どもの頃好きだった人は誰ですか？（その2）

　レッスン1で書き出したロールモデルとその特徴を、もう一度見直して考えてみましょう。

　「実は、これはあなたのことですよ」とお伝えすると、中には、「え？　まさか！　私はそんなにすごい人じゃありません」とか、「ロールモデルと比べたら、私にはまだまだ足りないものがあります」とおっしゃる方もいます。でも、よく考えてみてほしいのです。ロールモデルの特徴のうち、いくつかは、すでに自分自身に身についているものではないでしょうか。レッスン2は、そのあたりを整理してみることにしましょう。いつもの「自分」、思い込んでいる「自分」とは違う、新しい「自分」と出会えるかもしれません。

ワーク

3人のロールモデルを合体して、新しいキャラクターを作るとしたら、どんな人物像が浮かびますか？　想像して、書き出してみましょう。

●例：花さんの場合

1人目：セーラ「辛いことも耐え抜く」「優しい」「強い」

2人目：田中先生「クラスの皆のことをよく見ていてくれる」「明るい」「丁寧」

3人目：ナウシカ「優しくて」「強くて」「誰にでも分け隔てなく優しく接する」

合体したキャラクター像：

思いやりがあって親切で、周囲の人に慕われて、時には自分のことより他の人のことを優先して手を差し伸べる強い人。

●例：光くんの場合

1人目：『スター・ウォーズ エピソード1』のアナキン：かっこいい、度胸がある、ポッドレーサーやドロイドを自分で作れる

2人目：『バック・トゥ・ザ・フューチャー』のマーティ：かっこいい、悪者をやっつける、皆に注目される

3人目：『ポケモン』のリザードン：強い、頼れる相棒、切り札的な存在

合体したキャラクター像：

皆に一目置かれる頼れる存在で、強くて度胸があって、誰にもできないことをする。

私の好きだった人の1人目は、

2人目は、

3人目は、

3人を合体したキャラクターを文章で表すとしたら、

　この、3人のロールモデルを合体したキャラクターこそ、あなた自身です。中には「自分とは違う」という人がいるかもしれません。でも、自分で思う自分と、人から見た自分は、異なっていることがあります。このワークでは、あなたの本当の素材を見つけることに主眼があります。

　人生という舞台で、影響を与え続けるのは、あなた自身の人柄です。この合体キャラクターが持つ人柄こそ、あなたの人柄ということができます。ですから、この合体キャラクターの本当の姿を深く知ることが、あなたの人生に大きな力となります。

　キャラクターは、自然に発達して、あるべき姿になるものです。しばらく成長を待つ人もいます。今はまだ身につけていなくても、これらの特徴を身につけていこうとしている途中なのかもしれません。ぜひ成長させてください。

光くんが幼い頃好きだった人は、3人とも、すごくカッコいいんですね。その「カッコいい」ってどういう意味でしょうか？　私が思うカッコいいとはちょっと違うと思うので、説明してくれますか？

アナキンのカッコいいは、子どもなのに、大人でも作れないようなドロイドを作ったり、自分で作ったポッドレーサーでレースに出て、優勝までしてしまう、そういうカッコよさです。マーティのカッコよさは、スケボーで街を駆け抜けたり、あとは、ギターでステージに上がって皆がびっくりするような演奏をして注目されたり。そういうところです。

へー！　ものを作ったり、ものを使ったりする人なんですね。

そうですね。あっ、それを今しているんです。ものを作って、それをどう使うかを考える仕事をしているんです。製品開発の仕事です。ちょっと驚きました。

リザードンの「頼られる」という特徴については何か思い当たる？

職場で頼られる存在でありたい、というのはあります。そういえば、頼られることが自分のやりがいになってるなぁ、と気がつきました。

もう一度考えてみましょう。

「かわいい」とか「カッコいい」というのは、幼い頃好きだった人を表す言葉としてよく出てきます。しかし、その意味は、一人ひとり違うものです。

あなたが選んだ形容詞は、あなたにとってどういう意味なのかを、光くんのように、もう一度考えてみましょう。より深く、自分のことが理解できると思います。

大好きだった3人のことを振り返って気づいたことは、
_____

_____

_____

感じたことは、
_____

_____

_____

レッスン 3 子どもの頃好きだった人は誰ですか？（その3）

ワーク

あなたのロールモデルを特徴づける「動詞」は何ですか？　書き出してみましょう。

● **例：花さんの場合**　耐える、よく観察する、平等に接する
● **例：光くんの場合**　作る、操縦する、ギターを上手に弾く、スケボーをうまく操作する

私のロールモデルを特徴づける動詞は、

_____

_____

です。

　レッスン0で、あなたが解決したい問題を整理しました。レッスン0に戻って問題を見直してみてください。もし、あなたのロールモデルならば、その問題をどのように解決するでしょうか？　ロールモデルの特色や、特徴づける動詞を統合して、活躍させるとしたら、どうなりますか？　あるいは、どんなアドバイスをくれそうでしょうか？　考えて、書き出してみましょう。

● **例：花さんの場合**

　課題：子育てが一段落して、これからどうする？

　ロールモデルの特徴：思いやりがあって親切で、周囲の人に慕われて、時には自分のことより他の人のことを優先して手を差し伸べる強い人。

　特徴づける動詞：耐える、よく観察する、平等に接する

●花さんの気づき：

> いつもの私なら、やりたいことがあっても、家族を優先してしまって、「耐えて」しまっていたかもしれません。
>
> 今の私にとって大切なことは、何が起きているかをよく観察することです。家庭のことと、これからやろうとすることを平等に、つまりバランスよく扱いたいです。
>
> 私が一番したいことは、人に手を差し伸べるような仕事かもしれません。もしかすると、仕事でなくて、ボランティア活動かもしれません。まずは、そういう仕事やボランティアにどんなものがあるのか、探し始めようかな？　そしてその場に行って、そこで活動している人をしっかりと観察したいです。

私の大好きなロールモデルが私の課題を解決するとしたら……

_____

_____

_____

私の大好きなロールモデルが私にアドバイスをくれるとしたら……

_____

_____

_____

　ロールモデルは問題を解決してくれる人です。先に例として挙げた、花さんのロールモデルを思い出してみましょう。

　花さんのロールモデル、小公女セーラは、とても我慢強いという特徴を持っています。花さんは学生時代の部活動ではコーチや先輩からの厳しい指導を我慢強く乗り越えました。就職してからは残業が多くなかなか有休も取りづらい職場で、我慢強く頑張りました。花さんの問題解決方法は、いつも、セーラと同じでした。ロールモデルは、このように、あなたに問題の解決方法も教えてくれます。

　しかし、花さんは、それを苦しいと感じていたことがあったのを思い出しました。育休

明けで、時短勤務の中、与えられる仕事量は変わらないのに、16時には会社を出て、保育園に迎えに行かなくてはなりませんでした。帰宅したらしたで、家事や育児が待っています。夫の帰りも遅いため、なかなか手伝ってもらえませんでした。花さんは、いつものやり方である「我慢強く頑張る」を選んでやってきましたが、疲れ果てて、結局、2人目の出産を機に仕事を辞める決心をしました。

　このワークでロールモデルが問題を解決する人だと知り、「そうか！　セーラがずっと我慢強く耐えてきたので、私もそうしてきたのか」と納得しました。そして、小学2年生の担任の田中先生やナウシカだったら、どうするか考えてみました。

　田中先生も、ナウシカも、明るく、自分を持っている人です。「そうか、我慢ばかりでなくて良いのかも」と花さんは気づきました。育児も仕事も「明るく」「自分らしく」やるには、どうしたらよかったのか花さんは考えました。田中先生だったら、何か問題が起きた時、どうするだろう。きっとクラスで話し合いをするだろうな。ナウシカは、「大丈夫、一緒に解決しましょう」とアドバイスをくれたかもしれないな。そんなふうに考えると、上司に相談してみたり、夫と話し合ってみたら、別の方向性が見えたかも……と思いました。

　皆さんのロールモデルも3人いますね。あなたが悩みを打ち明けたら、どんなアドバイスをしてくれるでしょうか？　それが問題解決のヒントになるでしょう。

column

キャラクターについて

　あなたのキャラクターは、あなたの人生という舞台で重要な役があります。人生は舞台であると言ったのは、演劇作家のシェークスピアです。演劇舞台の登場をキャラクターと呼びます。あなたの人生の舞台では、あなたのストーリーの主役になるのはあなた自身です。主役の性格は、劇全体の流れに大きな影響を与えます。

　『ハリー・ポッター』の小説を読んだ人も多いと思います。映画を見た人も多いでしょう。ハリーのシリーズは8巻あります。ハリーはその各巻で、子ども時代から思春期までのさまざまな章で活躍します。それぞれの舞台設定は異なっていて、登場人物の年齢も同じではありません。ところが、ハリーのキャラクターはすべてに影響を与えています。ハリーは、どの舞台でも友情に熱く、誠実で、まじめな努力家です。

　ただし、キャラクターの特徴や人柄は、「あなたがどう捉えたか」が重要です。「ハリー・ポッターが好き」という方は多いのですが、ある人は「勇気がある」と言い、別の人は「才能がある」と言います。「偉業を成し遂げる」と言う人もいます。あなた自身が、そのキャラクターをどう感じるのか、どう表現するかが大切です。

レッスン 4　あなたが加わりたいグループは？

ステップ1の後半では、自分がどんなステージで生き生きと活躍できるのか、皆さんの興味・関心がある職業領域について探っていきましょう。

ロールモデルはヒントになりましたけれど、それでもまだ、なんとなくぼんやりしています。自分が何に向いているか、何をやりたいか、もっとハッキリ知るにはどうすれば良いのでしょうか？

僕は、自分で会社や仕事を選んだつもりなので、ある程度、やりたいことはわかっているつもりでいました。でも、本当にこれでいいのかな？　という確証が持てません。

「自分がやりたいことは何か？」「この道で合っているのか？」を考え込んでも答えを見つけることは難しいですね。また、ワークを通して、楽しみながら考えてみることにしましょう。

> **ワーク**
>
> さまざまなテーマで、おしゃべりしているグループがあります。あなただったら、どのグループに興味を持ちますか？　加わってみたいと思うグループ、自分にとって居心地が良さそうだと思うグループを1位から3位まで、3つ選んでみましょう。

順位	グループ名	参加している人たちや、おしゃべりのテーマ
	R	機械や道具を使って物を作ったり、操作したりすることが好きで、それを仕事や趣味にしている人たちのグループです。ジム通い、ガーデニング、バイク、車、DIY、工作などの話題で盛り上がっています。
	I	探究したり、勉強したり、新しい知識を求める人たちのグループです。話題は、新しい科学技術の情報、最先端の知識などです。皆好奇心旺盛で、いろいろな質問が飛び交っている知りたがりのグループです。
	A	自分が自己表現したり、人が自己表現するのを見たり、聞いたりするのが好きな人たちのグループです。絵画や音楽、デザイン、演劇、文学など多彩で、さまざまな芸術的な話で盛り上がっています。
	S	人に興味があって、人と会話したり関わることが好きな人が集まっているグループです。話題はボランティアや教育、福祉など、人間生活に関係することです。このグループで交流すること自体も、とても楽しんでいる様子です。
	E	新しいことを企画したり、組織づくりをするのが好きな人が集まっているグループです。話題は、会社の経営、新しい企画、グループの立ち上げなどについてです。ここに参加する人は、マネジメントやリーダーシップに興味がある人たちのようです。
	C	さまざまなことを整えることが好きな人たちが集まっているグループです。決められたことを、決められた通りにすることを楽しんでいる人たちです。毎日課しているルーティン（散歩、筋トレ、栄養管理など）や自分が習慣的にやっている活動・行動などが話題になっています。

●**例：花さんの場合**

　1位：Sグループ　私も人と話すのが好きなので、気が合いそうです。

　2位：Aグループ　音楽やダンスが好きなので、興味ある話題が聞けそうです。

　3位：Iグループ　いろいろな新しいことを知ることができそうで、面白そうです。

●**例：光くんの場合**

　1位：Rグループ　この中では、DIY、工作の話題に一番興味あります。

　2位：Iグループ　最新の情報、新しい技術は知りたいですね。

　3位：Cグループ　最近筋トレにハマっているので、気が合いそうです。

　私が加わりたいグループを3つ選ぶとしたら、

1位：〔　　　　　〕グループ

理由：＿＿＿＿＿＿＿＿＿＿＿＿＿＿＿＿＿＿＿＿＿＿＿＿＿＿＿＿＿＿＿

2 位：〔　　　　　〕グループ

理由：

3 位：〔　　　　　〕グループ

理由：

 皆さんが選んだグループが、何を表しているかを、説明しましょう。花さん、「学校の先生」というと、どんなイメージですか？　あるいは「看護師さん」というとどうですか？　「警察官」はいかがでしょう？　職業によって、なんとなく「こんなイメージ」というのが湧いてくるのではないでしょうか。

そうですね、同じ職業の人たちには、似たようなイメージがありますね。学校の先生っていうと、きちんとしていて、子ども好き。看護師さんは、テキパキしていて、親切。

警察官は、正義感が強くて、まじめ、かな。

 アメリカの心理学者ジョン・L・ホランドは、同じ職業についている人は、似た特性、パーソナリティを持っていると考えて、職業を以下の6つに分類しました。これらの英単語6つの頭文字をとって、RIASEC（リアセック）と呼ばれています。日本でも、職業に対する興味・関心を調べるのによく参考にされます。加わりたいグループを選んでもらうことで、自分が「どんな職業領域に興味・関心があるか」を知ることができます。説明を聞いてみて、どう思いましたか？

興味・関心の6領域	
現実的（Realistic）	機械や物を対象とする、具体的で現実的な仕事や活動を好む
研究的（Investigative）	研究や調査など、研究的・探索的な仕事や活動を好む
芸術的（Artistic）	音楽、美術、文芸など、芸術的領域での仕事や活動を好む
社会的（Social）	人に接したり、奉仕したりする仕事や活動を好む
企業的（Enterprising）	企画や組織運営、経営などのような仕事や活動を好む
慣習的（Conventional）	定まった方式や規則に従って行動するような仕事や活動を好む

私は、S（社会的）を一番に選んだのですが、出産前は販売職をしていました。いろいろなお客様と接することが楽しかったので、この仕事は自分に向いていたと思います。まさに販売は、S（社会的）領域の仕事ですね。たしかに、職場には、人が好きで、世話焼きタイプの同僚が多かったと思います。

自分は、R（現実的）、I（探求的）、C（慣習的）の順に選びました。実は、RとIは、どっちを1位にするか迷ったんです。今の職場は、開発なので、どっちかというと周りの人はIタイプが多い気がします。今の仕事は、もちろん好きで選んだのですが、R（現実的）領域の仕事が、もっと合ってるということなのかなぁ？

花さんは、納得感ある結果になったようですね。光くんは、迷っている自分がそのまま現れていると感じたんですね。
このワークでは、すでに知っている自分をもとに、グループを選んでくれたと思います。
明日は別のワークを通して、もう一度、皆さんの興味・関心について探究していきましょう。新しい、知らない自分が出てくるかもしれませんよ。

ワーク

あなたが気づいたこと、感じたことを書き出してみましょう。

私が加わりたいグループから、自分の興味・関心や向いていることを考えるとしたら、

_____

_____

_____

_____

レッスン 5　好きなテレビ番組・雑誌・Webページは?

レッスン 5 では、レッスン 4 とまた違った切り口で、あなたが生き生きと活躍できるステージについて見ていきます。

ワーク

あなたがいつも観ている、お気に入りのテレビ番組は何ですか? 「テレビはあまり観ません」という方は、Web ページでもけっこうです。よく読む好きな雑誌はありますか? もしなければ、ふと本屋の雑誌コーナーに立ち寄ったとしたら、どんな雑誌を手に取りますか? それでも出てこない場合、学生の頃好きだった科目や、サークル活動などでもけっこうです。3 つ、書き出してみましょう。
どうして好きなのか、好きだったのか、その理由も教えてください。

●**例：花さんの場合**

　好きなテレビ番組　「ドキュメント 72 時間」：いろいろな人間ドラマが面白いから。

　好きな雑誌　ファッション誌：最新のコスメとか今年の流行色など情報が知れるから。

　Webページ　フェイスブック：友達や仲間の近況を知れるから。双方向で交流もできるから。

●**例：光くんの場合**（あまりテレビは観ないので、学生時代の活動を書きました）

　高校生の時好きだった活動　ロボットを作るサークル活動。ゼロから作り上げることが面白かった。

　大学生の時のアルバイト　居酒屋のアルバイト。店長や常連さん、先輩に可愛がってもらった。大学では出会えないいろいろな人と知り合えて面白かった。

　好きな Web ページ　YouTube。何でもわからないことを検索して、知識や情報が得られる。だいたいのことは調べられるので、便利だから。

私が好きなテレビ番組、雑誌、Web ページ、活動などを 3 つ挙げるとしたら、

1) _____

2) _____

3) _____

テレビ番組や雑誌、Web ページ、好きだった活動などは、皆さんの「興味・関心」を示しています。この問いの答えが教えてくれるのは、あなたが「どんな場所で生き生きと輝けるのか？　あなたにピッタリな人生の舞台」です。つまり、皆さんがどのような職業や居場所を選ぶと、自分らしく、充実した活動できるかのヒントになります。

私が選んだテレビ番組などから、どんなことがわかるのですか？

花さんが選んだテレビ番組と Web ページを見ると、人間関係や人間そのものに興味があるとわかりますね。つまり、S（社会的）の特色が強いようです。

そうすると、参加したいグループを選ぶワークで 1 位にしたのと共通ですね。

ファッション誌は、一見すると A（芸術的）のようですが、花さんがファッション誌を選んだ理由は「情報を知ることができるから」なんですよね。そうすると、I（探究的）になりそうですね。それについてはどう思いますか？

参加したいグループを選ぶワークでは I（探究的）は選んでいなかったから、ちょっとビックリです。私に、そんな探究的な面があったんですね。たしかに情報は私にとっては大切です。

僕は、R（現実的）とI（探究的）が入っていたのは納得できますが、居酒屋のアルバイトはS（社会的）っていうことですよね？　意外な発見でした。

もしかしたら、人間との関わりは、光くんにとって必要かもしれませんね。

そう言われてみると、チームワークで皆とやることは好きですね。モノを作るにしても、一人でやるのも好きですが、皆とやることも、面白いと感じています。

二人とも、自分では意識していなかった興味・関心に気がついたようですね。

　職業を選ぶ際、誰でも「求人があるかどうか」「待遇は？」「給料は？」「通勤時間は？」など、現実的な条件で検索しがちです。しかし本当のところ、皆さんはどんな職業分野に興味を持っているのでしょうか？　これを調べる検査もいろいろとありますが、どうしても「その職業に就けるかどうか」が気になって、純粋に皆さんの興味・関心を調べることは、意外と難しいのです。あるいは、親の意見はこう、学校の先生からの助言はこう、周囲の友達が選んだ道はこう、などなど、周囲のいろいろな声や情報を聞くうちに、自分はどうしたいのか、何がやりたいのかわからなくなってしまった、という方にも、この問いは役に立つでしょう。

　たとえばテレビ番組なら、人気のドラマを挙げる方もいれば、大好きなお笑い芸人が司会を務めているバラエティ番組を挙げる方もいます。雑誌のほうは、バイクの専門誌、お料理のレシピがたくさん出ている雑誌、少年漫画誌などいろいろです。Webページは、フェイスブックやインスタグラムを挙げる人が多いですが、これもまた、人それぞれです。この問いの答えを検証する時も、ロールモデル同様、あなたが、その雑誌、Webサイト、テレビ番組のどこが好きなのかが重要になります。たとえば、同じ雑誌、「オレンジページ」をよく読みますという人でも、理由が「料理のレシピが載っていて、実用的だから」という方はR（現実的）でしょうし、「料理やお弁当の写真がとても綺麗だから好き」という方はA（芸術的）になるでしょう。インスタグラムでも、「友達の近況がわかるから」

ならS（社会的）ですが、「気に入った写真を見つけて眺めるのが好き」ならA（芸術的）となるでしょう。あなたがその雑誌などのどこに意味を見いだしたかが重要です。

私の夫がよく見ているテレビ番組は、「ガイアの夜明け」とか、「カンブリア宮殿」です。これは、どの領域になりますか？

それはE（企業的）な興味がありそうですね。

ミズノ先生は、どうなんですか？

私は雑誌でいうと、「ニュートン」、「サイエンス」、「ナショナルジオグラフィック」などが好きですね。これらは、I（探究的）な興味を表しています。
光くんの一番の興味・関心は、R（現実的）でしたね。たとえば、「冒険少年」というテレビ番組、観たことありますか？

あります、あります。面白いですよね。

どんなところが面白いと思いますか？

無人島で、いろいろと工夫して、生活のために必要なものを、ゼロから作っていく。大変そうだけど、汗を流して、失敗しながら作り上げていく。そういうところ、面白いですね。

やはり、面白いと思うところは、R（現実的）領域のようですね。

C（慣習的）に興味がある人は、どんな雑誌やテレビが好きなんでしょうか？

ちょっとわかりにくいかもしれませんね。たとえば、毎週の自分の行動を決めるために、「TVガイド」を見る人がいます。こういう人は、C（慣習的）といえるでしょう。あとは、時刻表とかね。

ああ、そういう友達いました！ 鉄道マニアの友人ですが、時刻表を見るのが好きだって。

　皆さんの好きなテレビ番組などは、どの職業分類に該当しますか。そこが、皆さんが生き生きと自分らしく輝けるステージになります。

　ただし、仕事を選ぶ時、この結果に捉われすぎず、ひとつの参考にとどめてください。「このような興味・関心を満たされる場にいれば、自分は居心地良いのだな」ということを知って、今後の生き方のヒントにしていただければと思います。

興味・関心の領域	職業の例
現実的（Realistic） 機械や物を対象とする具体的で現実的な仕事や活動	トリマーなど動物に関係する仕事、植木職人など植物に関係する仕事、運転する仕事、機械を操作する仕事、ものを作る仕事、技術系、農業、電気関係、エンジニアなど
研究的（Investigative） 研究や調査など、研究的・探索的な仕事や活動	調査、研究に関わる仕事、学者、研究者、理系教員、臨床検査技師、薬剤師、システムエンジニア、技術者など
芸術的（Artistic） 音楽、美術、文芸など芸術的領域での仕事や活動	音楽関係、美術関係、演出家、俳優、翻訳家、コピーライター、シナリオライター、デザイナー、イラストレーターなど
社会的（Social） 人に接したり、奉仕したりする仕事や活動	学校・教育関係、福祉関係、各種の対個人サービスの職業、カウンセラー、ケースワーカー、整体師、飲食店店主、販売職、美容師、保育士など
企業的（Enterprising） 企画や組織運営、経営などのような仕事や活動	経営関係、管理的業務、営業関係の業務、アナウンサー、弁護士、ツアーコンダクター、キャビンアテンダント、工場長など
慣習的（Conventional） 定まった方式や規則に従って行動するような仕事や活動	一般事務員、経理事務、プログラマー、オペレーター、公認会計士、秘書、レジ係など

実は、出産後は販売の部署から離れて、事務の仕事をしていたのですが、それは私にとっては、あまり興味が持てなかったんです。事務職はC（慣習的）にあたるんですね。たしかに、加わりたいグループを選んだときも、雑誌やテレビ番組を選んだときも、C（慣習的）は選びませんでした。納得です。それと、私は、I（探究的）領域にも興味・関心があるとわかったのですが、この職業例を見ると、ちょっと無理かなぁと思ってしまいます。

職業の例として挙げているものは、あくまで例です。もしかすると、「私は会社員なので、I（研究的）が高いとわかっても、「いまさら、研究職に転職を考えることはできないし、非現実的」と思われる方もいらっしゃると思います。「興味・関心の高い分野に該当する職業に転職しましょう」ということではないのです。

それでは、どんなふうに考えたらよいのでしょうか？

事務を担当している業務の中に、「調べる」「調査する」ことが必要な仕事はありませんでしたか？　たとえば今だったら、テレビ会議システムを入れることになり、どこのソフトが使いやすいのか調べることが必要になるとか。「ちょっと、これ、誰か、調べておいてくれないかなぁ」というシーンはありませんでしたか？　I（探究的）の高い人は、ぜひ、今後は意図的に「私、やります！」と手を挙げてみていただきたいと思います。きっと仕事の満足度は高まるでしょう。
「A（芸術的）が高いとわかったけれど、画家や音楽家の求人なんてないし、どうしたら？」という方もいらっしゃるかもしれません。たとえば同じオフィスワークに応募する場合でも、きっちりとマニュアルがあって、それに従って業務を進めるタイプの仕事よりも、「自分で創意工夫をして行う」仕事が含まれている業務を選ぶことがお勧めです。「これ、やり方は特に決まっていないので、あなたが考えてやってくれますか？」というように仕事を依頼されると、きっと生き生きと取り組めるでしょう。

なるほど。私がいた事務部門は、I（探究的）やA（芸術的）の要素は、たしかに少なかったかもしれません。私の方から、積極的に興味・関心を活かせることを見つけていけば良かったのかもしれないですね。

仕事でこの興味・関心が満たされなくても、プライベートで満たしている人もいます。具体的な例をあげてみましょう。Aさんは、デイサービスで介護職（社会的）の仕事をしているけれども、休みの日は地元の音楽サークルに参加して、ドラムを叩いています（芸術的）。ときどき、自分が働いているデイケアのイベントで、仲間と一緒に曲を披露して、喜ばれているそうです。Aさんの興味・関心は、Aさんの人生全体でいえば、満たされており、日々、充実感を持っています。つまり、仕事だけに限定せず、あなたの「人生全体のステージ」として捉えてみてください。この興味・関心の領域を大事にして人生をデザインすることが、よりあなたらしい人生につながります。

ワーク

あなたが気づいたこと、感じたことを書き出してみましょう。

私が自分が生き生き活躍できるステージについて考えたとき、今日のワークで気づいたことは、

_____

_____

_____

_____

_____

ステップ1

ステップ2

ステップ3

ステップ4

レッスン **6** あなたの好きな言葉（格言など）は？

レッスン6では、何が自分を支えているかについて考えてみましょう。あなたの価値観、物の見方や、大事にしていることを探っていきます。「あなたの価値観は？」と問われても、すぐに答えられる人はなかなかいません。花さん、光くんはどうですか？

そう聞かれたら、困ってしまいますね。

僕は、そうだなぁ。就職活動の時には、「世の中の役に立つ仕事をすること」と言ったと思います。それが本当に自分が大事にしていることかって言われると、まぁ、大きく違うことはないかもしれませんが、よくわかりません。

ワーク

あなたが好きな言葉、大切にしている格言、言いまわしは何ですか。それは、過去に大事な誰かから贈られた言葉かもしれません。アニメやゲームのキャラクターのセリフ、スポーツ選手の名言、歴史上の人物が残した言葉、好きな映画やドラマの主人公の決め台詞かもしれません。その中から、あなた自身が気に入っていて、大事にしている言葉を教えてください。そして、その言葉は、あなたにとってどういう意味があるかを書き出してください。

●例：花さんの場合

「止まない雨はない」 辛いことや悲しいことがあっても、ずっと続くわけではない、という意味。

●例：光くんの場合

「失敗は成功のもと」 モノを作る時、最初からうまくはいかないこともあるけれど、失敗から意外な発見があったり、初めに考えていたよりよいモノができたりする。だから失敗しても大丈夫、という意味。

私が好きな言葉は、

_____

_____

私にとっての意味は、

_____

_____

　あなたが選んだ言葉は、あなたにとって最高のアドバイスであり、心の資源になります。何回も自分の口で言うことで、ピンチに陥ったとき、格言の効力を強め、自分を支えることができます。あなたの人生の転機、人生のピンチに陥ったときに、あなたを励ますメッセージ、あなたを勇気づけ、一歩踏み出す力を与えてくれるメッセージは、誰が言ってくれるでしょう。実は、それはあなた自身が持っています。

> 私が好きな言葉は、「止まない雨はない」。似た意味合いですが、「明けない夜はない」という言葉も好きです。

> 花さんは、希望を失わないで生きる、ということを大事にしているんですね。この言葉は、花さんがピンチの時、いつも勇気づけてくれるのではありませんか？

そうですね。思い出しました。出産後、子どもの夜泣きがひどくて、すごく辛い時期があったんです。でも、いつまでも続くわけではないって自分を励ましました。まさに、「止まない雨はない」ですね。

僕は「失敗は成功のもと」。だから、ちょっと難しいかな、と思うことにもチャレンジできるんです。

光くんにとって、それが、自分に送る最高のアドバイスなんですね。「自分」で選んだ言葉、格言には、大きな意味があります。他のどんな名言や格言よりも「あなたに必要なアドバイス」になるのです。人生のピンチを経験すると、あなたの選んだ格言があなたを支えてくれます。

あなたの格言があなたを苦しめる場合

　あなたが好きな言葉は、あなたに大きな影響を与え、あなたを支える信条にもなります。しかし、そのパワーの強さのあまり、時にはあなたを傷つけ、生きづらさにつながる恐れもあります。その場合は、その格言、言葉の意味の受け止め方をポジティブに解釈し直すと良いでしょう。

例：「継続は力なり」

　格言に苦しめられる例を具体的に挙げてみましょう。Bさんは、大学で心理学部に入学して、「継続は力なり」を信条として頑張ってきました。

　ところが、大学2年ごろに経済に興味を持ち始めました。「継続は力なり」に違反しないように、苦しみながら心理学の勉強を続けました。ところが、どうしても学部を変わりたくなり、信条に反して、経済学部に転部して勉強することにしました。Bさんは、自分の信条である「継続」ができなかった、と挫折感を感じ、罪悪感でいっぱいになりました。でも、それは、本当に「継続できなかった」ことになるのでしょうか？　捉え方を変えれば、Bさんは、「自分の強い興味を持ち続ける」ことを継続して、努力していることになります。Bさんはそのことに気づき、罪悪感がなくなり、むしろ勇気づけられました。

あなたが、あなたの好きな言葉から勇気づけられた経験を振り返ってみましょう。

私が自分の好きな言葉から励まされた経験は、

私にとっての意味は、

人生の危機：あなたが「ズレ」を感じるとき

人生では、多くの変化を経験するでしょう。たとえば、小学校から中学校に入学する、卒業して社会人になる、結婚する、出産する、定年退職するなどです。こういった出来事は、人が成長する過程で当たり前に起こります。うまく変化に適応できる場合もあるでしょうが、今までの自分では対処できないと思うほど、心理的に辛い気持ちになる場合もあります。これを「人生の危機」と呼びます。

人生の危機を「ズレ」と表現することもできるでしょう。つまり、「ぴったりとはまっていない感じ」です。あなたが、「なんだかピタッと来ないな」と感じる時があれば、それは人生で「ズレ」が起きているのかもしれません。花さん、光くんには、そういうズレを感じたことがありましたか？

2人目の子どもが生まれた時、仕事を辞めました。よく考えて、納得して辞めたつもりでしたけど、その「なんだかピタッと来ないな」という感じは、ありましたね。私って何なんだろう、これでいいのかな、とモヤモヤしました。それが、ズレかな？

子どもの頃のズレは多かったかな。引っ越して、転校して、馴染むのにも時間がかかりました。高校時代まで、ずっとそんな感じだったかもしれませんね。

一般的には、「こんなはずではなかった」とか、「自分は、もっとできるはずなのに」「どうして人は評価してくれないのだろう」「自分にはもっと合っている仕事があるはずだ」「私はもっと幸福になっていいはずだ」などなど感じるときが、ズレの例です。

人生の危機を乗り越えるために必要なのは、①マイナスの影響をなるべく少なくすること、②変化を客観的・冷静に受け止めることです。

自分に贈る最高のアドバイスとなる格言や言い回しはこれを乗り越えるために、自分で選んだ言葉です。

このような危機に直面してズレを感じたら、もう一度自分の人生を振り返りましょう。そして、あなたが選んだ言葉を何度でも繰り返して、自分に言ってあげることです。

7

まとめ：
自分について整理しましょう。

ステップ1を振り返ってみましょう。

「あなたはどんな人ですか？」「あなたはどんな舞台で活躍したいですか？」「あなたを支えるものは何ですか？」これらの問いをされて、いきなり答えを求められても、うまく答えることはできないでしょう。アメリカの著名なキャリアカウンセラー、マーク・サビカス博士は、どのような問いをしたら、真の回答が得られるのかを長年にわたって研究しました。その結果、「幼い頃好きだった人」を問うと、あなたのキャラクターが明らかになることを発見しました。同様に、「好きな雑誌」などを問うと、活躍したい舞台が、そして、「好きな言葉」を問うことで、支えるものが明確になると発見したのです。

ステップ1で、皆さんは、これらの問いに答えてきましたね。いかがでしたか？　振り返ってまとめておきましょう。

> **ワーク**
>
> **レッスン1からレッスン3では「幼い頃好きだった3人」の特徴を書き出して、あなたのキャラクターについて探索しました。これは「あなたはどんな人ですか？」の答えでした。あなたが気がついたことは何ですか？　書き出してみましょう。**

私が大好きな3人のキャラクターを選んで気づいたことは、

_____

_____

_____

3人とも忍耐強い人でした。だから、自分も、ちょっと我慢しすぎてしまうことがあったのかな、と気づきました。でも、皆、真の強さを持っている人でした。自分にもそのようなところがあるのかもしれません。そうは思っていなかったので、発見でした。

才能があって、かっこいいところがある3人でした。そのかっこ良さは、表面上のかっこ良さではなくて、恐れずに実行できる勇気に支えられていました。自分にもそんなところがあるのかなぁと疑問に思うけれども、まったくないとも否定できないことに気がつきました。

ワーク

レッスン4とレッスン5では、会話に加わりたいグループや好きなテレビ番組などから、あなたが設定したい「人生の舞台」について書き出しました。これは、「あなたはどんな舞台で活躍したいですか？」の答えでした。あなたが気がついたことは何ですか？

私が生き生き輝ける「人生の舞台」について気づいたことは、

_____

_____

_____

人と関わって、人との関係性を大事にする場にいれば、私は生き生きと活躍できると確かめることができました。それから、意外でしたが探究的(1)も持っていて、何か情報や新しいことを知りたい自分もいることに気がつきました。

思った通り、モノを作ることができる場が自分の人生の舞台なんだとわかりました。一人ではなくて、誰かと一緒に、チームワークで作っていくほうが、どうやら自分が生き生きできるのかな、と気づきました。

ワーク

レッスン1からレッスン6を振り返って、関連性やつながり、そこから気づいたことを書き出してみましょう。

私が幼い頃好きだった小公女セーラは、とても我慢強い人でした。でもどうして我慢できたかというと、彼女は希望を持っていたからです。ナウシカもそうです。ナウシカは、いつも、諦めず、勇気を持って行動していました。困難があっても、きっと乗り越えられると信じていたからです。それは、やはり希望を持っていたからだと思います。私を支えてくれる、好きな言葉は、希望を表します。好きだった人たちと、自分を支える言葉が、すごく関連している、つながっている、と思いました。それから、セーラもナウシカも、田中先生も、人を大切にして、思いやる人たちです。私の活躍したい舞台がS（社会的）だとすると、これも、とても一致していると思います。

かっこいいものを作って、動かして、使いたい。これは、小さいころからずっと僕の中にあったと思います。3人のロールモデルは、みんなそういう意味で、ここにつながっていますね。今の職場に自分が合っているのかな、と迷いがあったのですが、ちゃんと、やりたいことをできる舞台にいるんだ、と気がつきました。だけど、一人仕事がわりと多い。もっと、分かち合う仲間やチームで仕事がしたい自分がいるのかもしれません。

なかなか良いことに気がつきましたね。主人公が生き生きと活躍して、人生の著作者としてどのような人生を生きていくか。自分のストーリーを書けることがライフデザインです。二人はそのヒントを掴めたようですね。

　ステップ1では、自分をもっと深く知ることをテーマにワークを進めてきました。ステップ2では、また、ちょっと変わった問いかけに答える形式で、あなたの人生の意味をさらに追求しましょう。

先生からの
メッセージ

スマートフォンやタブレット
で読み取ってください。

column ミズノ先生のロールモデル

　私のヒーローの1人は、ウエスタン映画のジョン・ウェインでした。どこからともなく現れて、善良な人を踏みにじるギャングを退治するのですが、町の人から褒められるのを嫌いさっそうと立ち去ります。子どものころ、その姿に憧れて、何秒で拳銃を抜いて打てるかを、おもちゃのピストルで練習していました。

　その次のヒーローは、宇宙探検家です。宇宙旅行のストーリーに引き込まれて、未知の宇宙を探検して、未知の知恵のある存在に遭遇するストーリーに憧れていました。想像を超える出来事が起きても、宇宙探検家は解決することができました。

　さらに、鉄腕アトムが私の心を捉えました。人間が愛情で創造したロボットが強大な力を持ちながら、人間よりももっと人間らしい心、弱い人を助けて最強の存在と戦って勝利を収める。しかし、アトムはその勝利を喜ぶことなく、自分の力を否定して、後悔をする。なぜなら、人間世界に住むことがますます難しくなるからです。

　これら3つのロールモデルに共通するのは、「強さ」「はかなさ」「未知への興味」「孤独」です。これらロールモデルの行動は、「解決する」「探求する」「立ち去る」です。私は無意識でこれらのキャラクターを取り込みました。私の人生は、まるで小型のジョン・ウェインです。人知れず立ち去る、人に褒められることの一種の恥ずかしさと、何か障害があれば弱い人の味方になって戦う、未知の問題に憧れて未知の人々に会うことを喜びとする、というのは、まるで理想のカウンセラーです。私は、なるべくしてカウンセラーという仕事に行き当たったのかもしれません。

ステップ1で、今の自分が、子どもの頃好きだった人から影響を受けていることは、すごく納得しました。どんな場所で自分が生き生きできるのか、自分が生きていく上で大事にしたい価値みたいなものも、わかってきました。でも、まだなんとなくフワっとしていて、「本当にそうかな?」と狐につままれたような、不思議な占いを見せられているような感じもします。

僕も同じです。今の仕事を選んだ理由や、それほど間違っていなかったかもしれない、というあたりまではわかりました。ただ、この道でたしかに良いんだ! という確信までは持てていません。

ステップ1で取り組んできたワークは、自分はどういう人間なのかを深く理解するためのものでした。ステップ2では、人生の主人公である自分自身が、どういう「人生台本」に従って行動して未来を創造するかを見ていきます。それから、人生の意味も探っていきます。ステップ1よりも、いろいろなことがはっきりしてくると思いますよ。

人生台本とは、何ですか?

花さんの、人生の筋書き、とでも言いましょうか。

私の人生の筋書きが、もう決まっているということですか?

決まっているわけではないけれど、このように生きていきたい、という筋書きは、すでにお持ちのはずですよ。

えっ、私、もう持っているんでしょうか？　それを知りたいですね。

先生、「人生の意味を探る」というのはどういうことですか？

誰もが、その人にとっての「生きる意味」を持っているんです。それを、「ライフテーマ」と言います。ライフテーマは、自分がどのように生きたいかを暗示します。「ライフテーマ」は、光くんが無意識のうちに、自然と築きあげてきたものです。ギリシャ神話では、ライフテーマは人生の「金の糸」とも言われているんですよ。人生を織物にたとえると、織られた模様は人生の最初から最後まで変化したとしても、人生のさまざまなエピソードを縫い合わせる金の糸だけは生涯を貫いていて、変わることはないと言われています。自分の金の糸は何なのか、それを見つけていきましょう。そして、ステップ2の最後には、ここまでで見つかった、人生を構成するパズルのピースのようなものを、統合して、1つの大きな絵を描いてみます。それが「ライフポートレート」です。ライフポートレートにまとめあげることによって、どういう方向に向かって人生を歩んでいけばいいかのヒントがもっと見つかると思いますよ。

8 あなたの好きな映画・本・ドラマの ストーリーは?

　あなたが最近気に入っているストーリーは、どんなストーリーでしょうか？　映画でも、小説でも、テレビドラマでも、ゲームのストーリーでもけっこうです。小さい頃好きだったストーリーでなく、〈現在〉好きなストーリーを選んでください。「小さい頃から大好きで、今も、好きなストーリー」であれば、それを選んでもかまいません。

　子どものころ好きだったストーリーは、現在必ずしも好きとはかぎりません。変化する人もいるでしょう。

ワーク

あなたが〈現在〉、好きなストーリーを教えてください。どのようなストーリーですか？　筋書き（起承転結）を意識して書き出してみましょう。5つくらいの文章でまとめてみてください。

タイトル：『 』

ストーリー

ワーク

そのストーリーの、どんなところが好きですか？　書き出してみましょう。

_____

_____

_____

私が最近好きなのは、海外ドラマの『スーツ』です。
主人公のマイクには特殊な才能と「人を助けたい」というハートがありました。ある事件をきっかけに、敏腕弁護士ハービーと出会い、二人は名コンビとなります。次々現れるライバルや敵を、鮮やかな戦略で打ち負かし、勝訴していきます。マイクには知恵と才能と度胸、そして人を思いやる暖かい心もあります。弁護士資格を持っていないことを告発され、刑務所に入れられてしまう、という事件も起きるのですが、仲間たちがさまざまな手を尽くして彼を助け出し、マイクは最後には正式な弁護士資格を得て、貧しい人、困っている人を助けます。

僕が最近好きなストーリーは、『鬼滅の刃』です。
主人公の炭治郎は、ある日、留守にしている間に家を襲われ、家族を失います。唯一生き残った妹は、鬼にされてしまいます。炭治郎は、愛する妹に残っている「人の心」を信じて、なんとか人間に戻そうと、長い旅に出ることを決意します。炭治郎は妹想いで友達想い、仲間想いの優しい人です。最初はとても弱いのですが、経験を積み、鍛えられ、妹を助けるためにどんどん強くなっていきます。最後には、すごい強敵と戦って悪を倒し、大切な人を救うというストーリーです。

『スーツ』や『鬼滅の刃』のストーリーをご存知の方も多いと思います。皆さんが語るストーリーは、花さんや光くんと同じでしょうか？　違うでしょうか？　ここでは、正確であるかどうかよりも、あなたが「そのストーリーをどう語るか」が重要です。つまり、どんなレンズでそのストーリーを見て、語るかです。花さんの語ったストーリーを、3つの要素で整理してみます。皆さんの選んだストーリーも、一緒に整理して、考えてみましょう。

①**登場人物**　登場人物の特徴がストーリーの展開に影響を与えます。主役に影響のある脇役が必要になることもあります。あなたと、あなたが選んだ登場人物（影響のある脇

役）を重ね合わせると、どんなことが見えてきますか？

②**場面の設定**　どの時代、どの場所で、どのような背景で、キャラクターが登場して活動するかの場面の設定です。あなたが、どのような舞台設計を願っているかが表れているのではないでしょうか？

③**筋立て**　そのストーリーは、どんな筋立てですか？　同じような筋立てが、これまであなたの人生の中でも、起きていたのではありませんか？

● **花さんの例**

登場人物	マイク：特別な能力とハートを持っている、努力する、導かれる、勝つ、人を援ける ハービー：良き指導者 弁護士事務所のメンバー：良き仲間、ライバル、恋人
場面の設定	大都会のオフィス、法廷（戦いの場でもあり、人を援ける場でもある）
筋立て	友達を助けたために、自分の人生を棒に振ってしまった才能ある若者。迷惑をかけられても、友達を捨てきれず、そのせいでいろいろなことがうまくいかない。希望を持てなかったが、ピンチが大チャンスに変わる。自分の持つ特別な能力を見いだされ、仲間や、指導者、活躍の場を得て、才能を発揮する。困っている人、貧しい人のために手強い敵と戦い、勝利する。

花さんは、このストーリーのどんなところが好きですか？

一時は希望を失った若者が、才能を見いだされて、人を援けるという大活躍をするところです。

素敵なストーリーですね。一度は希望を失った人が、勇気を出して人を援けることに挑戦するところに魅力を感じたんですね。

そうですね。物語の最初、彼は、友達の犠牲になって、チャンスや希望をなくしていたんです。才能があって、弁護士として人を援けたくても、チャンスを得ることができなかった。

マイクはチャンスに出会ったんですね。

そうです、そこが面白いところでもあります。マイクは期待に応えて、チャンスを生かし、自分のものにしたんです。

花さんの人生のストーリーも、同じことが起きるでしょうね？

えーっ？　私、弁護士になるということですか？

弁護士になるという「出来事」ではなく、「意味」に注目してください。ここでいうと、マイクが弁護士になるということは、「一度は、自分を犠牲にしてチャンスをなくしても、夢を実現する」という意味を持つのですよね？　花さんも、そうしたいと強く願っているのではないですか？

そうですね……犠牲というと言い過ぎですけど、家族のために、好きだった仕事を諦めた自分がいます。マイクも、そうです。弁護士になることを諦めたことが何度もあったんです。

これまでに、希望をなくしていたとき、導いてくれる人と出会って、人生が大きく変化したことはないですか？

そういえば、入社して3年目に、信頼できる上司との出会いがありました。実は、その上司が後押ししてくれて、販売部門に異動できたんです。あの出会いがなかったら、仕事は面白くなかったでしょうね。

花さんの才能が、出会いを作ってくれたのでは？

才能というと大げさかもしれませんけど、私、パソコンより人と接する方が得意なんです。上司は、そこを見ていてくれたのは確かです。そうか、なるほど。これって、私のストーリーですね。

光くんはどうですか、『鬼滅の刃』と光くんの人生って、どう重なりそうですか?

うーん……花さんと先生の対話を聞きながら、考えていました。実は、僕の両親は離婚しているんです。ある日、家族を失った、というのは、そのことと重なると思います。小学生の頃から、妹と、母と、3人家族でした。誰も鬼になったわけではないですが、「長い旅に出た」というのは、僕の人生そのものを示すのかな。母は、苦労して、自分と妹を育ててくれたので、大事にしたいと思います。敵と戦っているというのは、なんでしょうね。でももし、家族に害を及ぼすような何かがあったら、守りたいと思うでしょうね。

光くんは、その頃小学生で、弱い存在だったかもしれませんが、今はお母さんや妹さんを守れるくらい、強い自分に成長したのではありませんか?

そうですね。たしかに、最初は、小さくて、弱かった。だんだん、強くなってこれたのかもしれません。母は、今では結構、僕を頼りにしてくれていると思います。妹も。

光くんの好きなストーリーは、つまり、光くんが成長するストーリーですね。

**そのストーリーは、あなたの人生とどのようにつながっていますか？
書き出してみましょう。**

レッスン9からレッスン11までで、あなたの「捉われ」を見つけ、そこからライフテーマを導き出します。「捉われ」とは、人生を通して、あなたの心の根底にあり、あなたの心の重要な部分をぎゅっと握っている「ある思い」を指します。

「捉われている」というと、なんとなくネガティブな感じがするかもしれません。たとえば、「あの人は営業成績ばかりに捉われている」とか「人と比較ばかりして、自分がどう見られるかに捉われている」などの表現は、「捉われるのは良いことでない」印象を与えます。が、ライフデザインカウンセリングで言う「捉われ」は、悪い意味ではありません。人から強制されたのでなく、「自ら選んで自分のものにした」、というポジティブな意味があります。そして、あなたの「捉われ」は、あなたの人生や職業選択に大きな影響を与えています。

あなたの心の奥底に、どんな「捉われ」があるかを見つけるためには、幼少期の思い出がヒントになります。

ワーク

あなたの幼少期の思い出を教えてください。3歳、4歳の頃のことがよいでしょう。もし思い出せなければ、5歳、6歳、と少しずつ年齢を上げていってもかまいませんが、記憶にあるかぎり、なるべく幼い頃の思い出にしてください。

親から聞かされた思い出（「小さい頃、よく動物園に連れていったんだよ」など）、ではなく、あなた自身が覚えている思い出を選んでください。レッスン10、レッスン11でも同じ質問をします。今日は、まず最初に浮かんだ思い出を1つ、教えてください。（時系列でなく、思い出した順で答えてください）。

思い出 _____

_____

_____

_____

_____

ステップ1
ステップ2
ステップ3
ステップ4

> **ヒント**　**この問いに答える前に**
>
> 　著名な心理学者アドラーによると、人間は5歳の頃の経験を自分なりに解釈する傾向があります。その解釈の仕方は、その人の人生に将来にわたって影響を与えます。
>
> 　たとえば、幼稚園の時、迷子になって帰り道がわからなくなり、お母さんに迎えに来てもらった経験をしたとします。同じ経験でも、「手をつないでお母さんと帰った事が心に残り、ホッとした」という経験として残ることもあれば、人によっては「恐怖と不安」が心に残る場合もあります。いずれの場合も、「解釈した意味」が将来にわたり、その人の人生に影響を与え続ける事があります。
>
> 　もしも、子どもの頃の思い出を挙げることに、少しでも不安や苦しさを感じる場合、または思い出せない場合、この質問は飛ばしてください。無理に記憶の蓋を開けることは、あなたをつらい気持ちにさせる場合があります。

●例：花さんが語った1つ目の幼少期の思い出

　幼稚園の頃、ふざけて、お父さんを脅かしてやろうと思いました。こっそり押し入れの中に隠れ、呼ばれても出て行きませんでした。お父さんは私を大声で呼びましたが、私は出て行きませんでした。お父さんは次第にあわて始め、とうとう、うなだれて涙ぐんでしまいました。びっくりした私は、飛び出して「ここにいるよ！」とおどけましたが、お父さんは涙ぐんだまま、静かに「もう、こういうことはしないように」と言いました。私は、思いがけず、大好きなお父さんを悲しませてしまって、自分はとても悪い子だと思いました。

●例：光くんが語った1つ目の幼少期の思い出

正確に覚えていないのですが、一番古い記憶というと、たぶんこれです。
3歳ぐらいだったでしょうね。家にいて、トイレに行きたくなって、「ママ、トイレ！」と母を呼びました。その日までは、母は必ず呼べばトイレについてきてくれたのに、その日、急に「どうして自分一人で行けないの！」と怒られました。えっ、なんで急に？　と、僕はびっくりしました。昨日までついてきてくれたのに、どうして今日はそれをしてくれないのだろう、と不思議に思いました。結局僕は、一人でトイレに行ったんですけどね（笑）。

では、花さん、光くん。その思い出に、タイトルをつけてみてくれますか？　すごく印象的なお話なので、たとえば、新聞記事にしよう、ということになったとしますね。あるいは雑誌の記事でも良いです。その時、みんなにこの記事の内容がもっとも伝わるような、いいタイトルを考えてみてくれますか？

新聞に載るとして、タイトルを考えるのですか？　うーん、「大事な人を悲しませた」ですかね。

僕は、そうだなぁ、「なぜかわからない」かな。

> ワーク
>
> ## 幼少期の思い出にタイトルをつけてみましょう。

タイトル：「　　　　　　　　　　　　　　　　　　　　　　　　　　　　」

花さんの幼少期の思い出と、つけたタイトルを考えてみましょう。
　花さんは「大事な人を悲しませた」という強い思いを自分の中に取り込みます。意味の取り込みは、起きた出来事よりも、その出来事をどう解釈したかが重要です。もし同じ出来事でも、「脅かそうと思ったのに失敗した」とか「絶対ふざけてはいけない」というタ

イトルを付けたとしたら、花さんはまったく違う意味を取り込んだことになります。

「大事な人を悲しませた」を取り込んだ花さんは、人生の中で、好きな人、大事な人を誤って傷つけたり、やむをえず悲しませる結果になってしまったとき、もっとも自分がつらくなることに気がつきました。たとえば、中学生の頃、親友とけんかして、つい強い口調で攻めてしまい、親友が悲しそうな表情を見せたとき。「なんてことをしてしまったの？」と花さんは、泣きたい気持ちになりました。若い頃、付き合っていたボーイフレンドと別れた時も、似たような経験をしました。「大切な人を傷つけてしまった……」と、花さんは、ひどく落ち込みました。

このように、子どもの頃の出来事の意味をどう解釈するかが、花さんの「捉われ」となることがあります。花さんの「捉われ」は、「大事な人を悲しませたくない」です。人生を通して、花さんの心の根底にあり、花さんの心の重要な部分をぎゅっと握っている思いです。

僕の場合はどう理解したらいいのでしょうか？

光くんは、怒りを感じたり、悲しみを感じたわけでなく、びっくりして、なぜだろうと疑問を感じたんですね。そして、結局は一人でトイレに行けたんですね。

はい。

そうすると、光君は、理解できないことに出会うと、なぜだろうと考え、自分の力で乗り越えようとするのではないですか？

そうです。ものごとがどうなっているか知らないままいると、落ち着かないです。だから、学生時代、実験とか研究は、すごく好きでした。なぜだかがわかるから。

なるほど、なるほど。じゃあ、光君が今の仕事に就いているということと、幼少期に取り込んだ「捉われ」は、どんな関係にあるのかな？

ああそうか！　開発は、「なぜ？」の連続なんです。僕は、「なぜ」をきっかけに、それを乗り越えて「わかるようになること」を仕事にしていると言えるかもしれませんね。

ヒント　「捉われ」と職業選択

　「捉われ」は、英語で「プレオキュペーション（preoccupation）」です。「オキュペーション（occupation）」は、職業という意味です。この英単語の元来の意味は、「占めること」です。職業とは、人に人生に重要な役割を占めることから、この英単語が職業を意味するようになりました。その他の意味では、「トイレ使用中」、領土などを占領する意味に転換されます。それで、preoccupation の意味は、pre- という接頭語を受けて「前職業」となります。つまり、捉われが職業に転換されることを意味します。

ワーク

あなたの幼少期の思い出に、どのような意味を見いだしましたか？

レッスン10 幼い頃の思い出は？（その2）

幼少期の2つ目の思い出に移りましょう。

ワーク

2つ目の、あなたの幼少期の思い出を教えてください。
レッスン11でも同じ質問をします。今回は、2番目に浮かんだ思い出を教えてください。（前回書き出した思い出よりも、もっと幼い頃のことでもかまいません。時系列に関係なく、思い出した順で答えてください）。そして、その思い出にタイトルをつけましょう。

思い出

_____

_____

_____

_____

タイトル：「 _____ **」**

● **花さんが語った2つ目の幼少期の思い出**

　3歳ぐらいのことだったと思います。ある日、家に知らないおじさんがやってきました。今思えば、たぶん、電気製品か何かの修理屋さんだったんだと思います。ですが、その時私は、「悪い人が来た」と思い込みました。そして、「お母さんを守らなきゃ」と思いました。そして、そのおじさんの手に噛みつきました。お母さんはビックリして私を止めましたが、私はそれでも、その男の人をにらみ続けていました。タイトルは、「大事な人を守った」です。

●光くんが語った2つ目の幼少期の思い出

僕はその時、4歳ぐらいだったと思うのですが、正確にはわかりません。何がきっかけだったのか、父がすごく怒って、家の壁を殴ったのです。そうしたら、壁に穴が空いてしまいました。次の日、父がいない間に、母と、妹と僕とで、カレンダーをそこにかけて、穴を隠したのを覚えています。皆で笑いながら、「これで隠そうね」と言って、カレンダーを掛けました。3人とも笑っていたけど、皆、悲しい気持ちや、この先どうなるのかな、という不安を隠していたと思います。タイトルは、「なかったことにする」です。

> **ワーク**
>
> **1つ目の思い出と2つ目の思い出には、何かつながりがあるでしょうか？　ある場合、それは何でしょうか？　ない場合は、新しい意味がつけ加えられたでしょうか？**

 花さん、2つの思い出に何かつながりがあるでしょうか？

1つ目は、お父さんを悲しませてしまったこと。2つ目は、お母さんを守りたいと思ったこと。大事な人を、悲しませたくないし、守りたいということですね。

なるほど、花さんは大事な人を、とても大切にしたい、と感じているんですね。

そうです。本当にそうなんです。

僕の場合、1つ目は、「わからない、なんで？」という気持ちで、2つ目は、どうしてそんなことになったのかわからなさすぎて、わからないことは、なかったことにしよう、という、諦めのような感じです。

光くんの場合は、わからないということに、何か特別な感情があるみたいですね。

たしかに、そうですね。僕の子供時代には、理解できなかったことが多かったです。

> **ヒント　2つ目の思い出の意味**
>
> 　多くの場合、2つ目の思い出は、1つ目の思い出と同じ意味が語られます。でも、2つ目の思い出は、1番目より、状況を詳細に覚えていることが多いようです。
>
> 　注意することは、話の詳細に焦点があるわけではなくて、その話から、どのような意味を汲み取ったかです。つまり、タイトルが重要です。皆さんは、話の詳細を詳しく書きたいという衝動が生まれてくるかもしれませんが、大きな流れだけでけっこうです。そうしないと、森の中に迷い込んで、かえって意味がわからなくなる場合があります。
>
> 　傷つきや悲しみが語られることが多いですが、人によっては、楽しかったこと、快適だったことを語る場合もあります。中には、豊かな色彩や香りなどを思い出す人もいます。その経験によってどのような感情を体験したかを語ることが重要です。語られた感情は、その人の人生に大きな影響を与えるでしょう。

花さんの場合は、守れなかったときに強い悲しみを感じます。ですから、花さんは大事な人を一生懸命に守ろうとするでしょう。光くんの場合は、「わからない」ということに伴って湧き起こる感情が際立っています。

  ライフテーマ

　皆さんは、小さい頃から今までを振り返って、自分がどのように変化したか、あるいは変わらないところはどこだったのかを語ったことはありますか？　たとえば、親しい人に、今までの人生で何が起きたのか、その時、どんな気持ちになったのか、それをどう乗り越えたのかを、語ったことがあるかもしれません。親しい人には、おそらく、バラバラに起きた、小さなストーリーを語ってきたのではないでしょうか。つまり、それは、一貫したストーリーにはなっていません。これを紡ぎ合わせて、一貫した大きなストーリーとして語ることで、あなたの「生きる意味」、つまり「ライフテーマ」が見えてきます。「ライフテーマ」は、夜空に光る星のように、海図なき航海を可能にしてくれる、あなたの羅針盤になります。

　現代のような、流動的で不安定で、変革の時代に生き残るには、秘訣があります。それは、自身の人生をストーリーにして語れるようになることです。「ライフテーマ」は、あなたが、言葉を使って語ることによって確かなものになります。「ライフテーマ」は、未来の自己予言です。あなたの未来は、あなたが語ったそのストーリーにすでに書かれています。ある意味では、人生は自己予言の完結ともいえます。

11 幼い頃の思い出は？（その3）

今回も、引き続き、幼少期の思い出を聞いていきます。

> **ワーク**
>
> **今回は、3番目に浮かんだ思い出を教えてください（レッスン9・10で書き出した思い出よりも、もっと幼い頃のことでもかまいません。時系列に関係なく、思い出した順で答えてください）。そして、その思い出にタイトルをつけましょう。**

思い出

_____

_____

_____

_____

タイトル：「_____」

● **花さんが語った3つ目の幼少期の思い出**

　子供の頃、家にエアコンを買うことになりました。当時、エアコンはまだ珍しく、私は嬉しくて、近所の人に「うち、エアコン買うんだよ！」と言って回りました。近所のおじさんやおばさんはニコニコして、「わぁ、すごいねぇ！」と言ってくれました。お母さんに「あなたは、何でも喋ってしまう、おしゃべりね！」と叱られたのですが、私は一向に気に留めませんでした。皆が私の話を聞いてニコニコしてくれることが嬉しかったのです。タイトルは「私の話がみんなを喜ばせた」です。

● 光くんが語った 3 つ目の幼少期の思い出

　保育園の頃のことです。レゴブロックで遊んでいたら、友達が 2、3 人来て「すごい！かっこいい。僕にも作って」と言いました。確か、ロケットを作っていたんだと思います。僕は嬉しくて、友達にもロケットを作ってあげました。それで一緒に遊んでいると先生が来て、「光くんが作ったロケット、本物みたいだね」と褒められました。タイトルは「うまく作れて褒められた」です。

ワーク

あなたが、3 つ目の思い出の中で使った、問題に対処する方法は何でしょうか？　そこで用いた行動の「動詞」は何ですか？

方法：

_____

_____

動詞：

_____

_____

 3つ目の思い出には、人生の中で気に掛かることを解決する鍵となる「動詞」が含まれている可能性があります。

そうなんですね。私の場合は、「話す」「喜ばせる」でしょうか。

 花さんにとって、人と話したり、喜ばせたりすることは、人生の中で、いつも問題を解決してくれるのではありませんか？

たしかに、人と話したり、喜ばせることは、私にとって、とても嬉しいことです。販売の仕事に移った時は、その両方ができて、とても充実していたと思います。課題を解決してくれるかどうかは、まだわかりませんけど。

じゃあ、僕の場合は、問題解決の鍵になる動詞は、「うまく作る」ですか？

うまく作る、それから、「褒められた」もそうでしょう。また、動詞ではありませんが、「友達」というキーワードもありましたね。そして、「かっこいい」は光くんのロールモデルを表す形容詞としても出てきましたね。光くんの解決方法は、仲間とかっこいいものを作り、人から評価されることではないですか？

（笑）突然ですが、アルバイト先の居酒屋の思い出が蘇ってきました。お客さんがなんで来ないのかなー、と皆で喋っていて。その「なぜ？」をきっかけに、バイト仲間と新メニューを作ったんです。それが人気商品になって、店長に褒められたことがあります。

「なぜ」から仲間と何かいいものを作る。そして評価される。光くんの、いつもの解決方法ではありませんか？

今思えば、そういうことは、これまで何度もありました。

いつもやってきたことですから、無意識のうちに行っているはずです。今後は、それを意識化して使っていけるとよいですね。

もし、動詞が、ネガティブなものだった場合や、気に入らない時はどうしたらいいですか？　たとえば、「諦める」とか「我慢する」とか。変えることはできるのでしょうか？

幼い頃に自然と取り込んだことをあらためて点検して、それが否定的ならば、ポジティブに転換するのか、乗り越えるのか自分で決めることができます。

幼い頃に取り込んだものを、そのまま持ち続けなくてもよいんですね。ちょっとホッとしました。

3つ目の思い出の中に、動詞が見つからない人はいないんですか？

そういうこともあります。1つ目や2つ目の思い出の中に動詞が見つかる人もいます。もし3つの思い出の中に鍵となる動詞が見つからない人も、あわてて探そうとしなくても大丈夫です。この後のワークできっと見つかるでしょう。

ここまでは幼少期の思い出から、問題に直面した時の対処方法を探してきましたね。もう1つ、別の方法で、皆さんの対処方法を見つけることもできるんですよ。
ステップ1で書き出した、3人のロールモデルがヒントになります。もしあなたのロールモデルだったら、問題にどう対処すると思いますか？　想像してみましょう。

> **ワーク**
>
> **自分のロールモデルが、どんな方法で問題解決に対処するかを、あらためて考えてみましょう。**

_____

_____

_____

_____

ナウシカも、セーラも、山田先生も、話すことで相手を納得させたり、仲間にしたり、というのが上手でした。まさに、「人と話をする」ことは、私のロールモデルの解決方法だといえます。

なるほど、花さんは、人と話すことが対処方法なんですね。先ほどから見てきた、幼少期の思い出から導き出した対処法と一致していますね。

たしかに！ 「喜ばせる」のほうだと、ナウシカは、平和な世界を作って、人々が暮らしやすくなって、結果的に、皆喜びました。

僕のロールモデルは、皆、勇気があります。マーティは「過去」という世界に飛び込み、アナキンはジェダイの世界に飛び込んで、わからないことだらけの中でも、体当たりで活躍します。好奇心も旺盛ですね。そして二人とも、大事な世界や人々を救います。

光くんのロールモデルが教えてくれる対処法には、「勇気」や「好奇心」というキーワードが含まれているようですね。幼少期の１つ目の思い出では、いきなり一人でトイレに行かなくてはならない状況で、光くんは結局、一人でトイレに行けたわけですよね。これ、勇気がないとできないことだと思いますよ。学生時代のアルバイトの、新メニューの開発には、「好奇心」も必要ですよね。

幼少期の思い出や、自分のこれまでの体験ともつながりますね。

最初はバラバラに思えた小さな物語が、だんだん関連づいてきて、１つの大きな絵が見えかけてきましたね。

12

あなたの人生を貫く「金の糸」を
導き出しましょう。

その人にとっての「生きる意味」が「ライフテーマ」です。人生を織物にたとえるなら、模様が変化したとしても、最初から最後まで貫かれている金の糸が一本だけあります。それが「ライフテーマ」です。レッスン9からレッスン11までのワークを通じて取り組んできた、幼少期の思い出の3つのタイトルから、ライフテーマを導き出してみましょう。

ここで、花さんが幼少期の思い出につけたタイトルを並べて見ましょう。

> 1. 大事な人を悲しませた

> 2. 大事な人を守った

> 3. 私の話がみんなを喜ばせた

悲しませてしまった、という思い出が、積極的に守ったり喜ばせたりすることに変化していっているのがわかります。花さんのライフテーマは、「大切な人を喜ばせる」ことのようです。

> **ワーク**
>
> **幼少期の思い出の3つのタイトルを並べて書き出し、考えてみましょう。**
> **そして、あなたのライフテーマについて考えてみましょう。**

> 1.

> 2.

> 3.

ライフテーマについて考えられることは、

_____

_____

_____

_____

●例：光くんの例

光くんのタイトルを3つ並べてみましょう。

1. なぜかわからない

2. なかったことにする

3. うまく作って褒められた

　光くんの場合、1つ目は、なぜだかわからない、でも最終的には、一人でトイレに行くという対処ができた思い出です。2つ目は、同じようにわからないけれども、わからなすぎて、なかったことにしてしまった、という思い出です。この2つは、どれも、光くんの予想を超える経験です。このことから、光くんの心の根底に、「わからない」ことをなかったことにするのではなく、「わかる」に変化させたいという欲求が生まれたのでしょう。「わかる」を実現する方法は、3つ目の思い出に示唆されています。仲間とともに、光くんの才能を活かして、何かを作っていく。それは周囲の人から評価され、賞賛されるでしょう。ライフテーマである「わからないをわかるにする」を意図的に実現していくことで、光くんは、自分の人生の主人公になるでしょう。

ライフテーマが自分の人生に与える影響を考える

　ライフテーマは、言葉にして意識化することが必要です。ライフテーマに名前をつけて、客観的に眺めてみましょう。ライフテーマを意識して、それと意図的に取り組むために、ライフテーマに適切なラベルを貼ります。このように、課題を自分の外に出して客観的に観察してみましょう。

ライフテーマを中央のサークルの中に書き込んでください。そして、次の質問の答えを外側の吹き出しの中に記入してください。

問1 「このライフテーマは、あなたの健康にどのような影響を与えますか？」

問2 「このライフテーマは、あなたの人間関係にどのような影響を与えますか？」

問3 「このライフテーマは、あなたの気持ちにどのような影響を与えますか？」

問4 「このライフテーマは、あなたの職業生活にどのような影響を与えますか？」

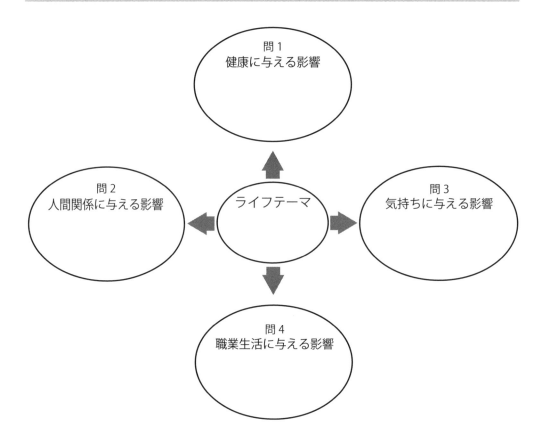

　ライフテーマが、あなたの人生に与える影響の4側面を書き出しましょう。あなたのライフテーマが人生を固いものにしたり、制限したり、生きづらくしている場合もあります。その場合は、ライフテーマに問題があるのではなくて、ライフテーマの意味をポジ

ティブ転換する作業を加える必要があります。

　このワークでは、ライフテーマが人生に与える影響を「見える化」できます。

　ここでもう一度、ライフテーマが人生に与える影響を、考えてみましょう。

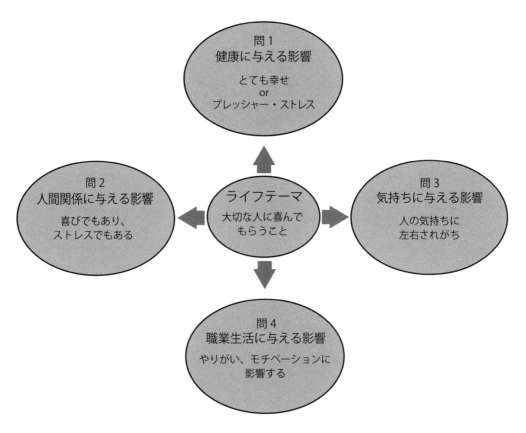

●例：花さんの場合

ライフテーマは、「大切な人に喜んでもらうこと」

問1　「このライフテーマは、あなたの健康にどのような影響を与えますか？」

　このライフテーマが、うまくいっている時は、とても幸せです。でも、うまくいかず、努力が実らないときは、逆にすごくプレッシャーで、ストレスを感じます。

問2　「このライフテーマは、あなたの人間関係にどのような影響を与えますか？」

　大切な人に喜んでもらうことは、私の喜びですが、ときどき、ストレスにもなります。

問3　「このライフテーマは、あなたの気持ちにどのような影響を与えますか？」

　大事な人が辛いと、私も辛くなります。人の気持ちに、すごく左右されてしまいます。

問4　「このライフテーマは、あなたの職業生活にどのような影響を与えますか？」

　職場では、「大切な人に喜んでもらうこと」ができていたと感じたとき、とてもやり

がいがあり、自信にあふれていたと思います。それを実感できないと、とたんにモチベーションが落ちます。

図に描いてみて、どんな気づきがありましたか？

私のライフテーマは、「大切な人に喜んでもらうこと」なので、自分だけで完結することが難しいのだとわかりました。どれだけ頑張っても、相手が喜ぶかどうかが大切なので、喜んでもらえない場合には、プレッシャーになったり、ストレスになっているんですね。少し書き換えて、「大切な人を尊重する」とか、「大切な人の幸せをサポートする」とかのほうが良いかもしれません。

ライフテーマは、少し大げさな言い方をすると「生きる意味」とも言えます。意味は、人生をスープにたとえると、スープの味を決めます。花さんの人生のスープはどんな味がしますか？　人はさまざまな生き方をしていますから、スープの味もさまざまでしょう。時々、スープの味を確かめないと自分で気がつかないうちに、好みでない味付けでスープを作ってしまうことがあります。自分の好きな味に出会うと、不思議に力が沸いてくるものです。

うーん、そういえば、ちょっと、スパイスが強すぎたかもしれません。もう少し、柔らかい味にしたいと思います。

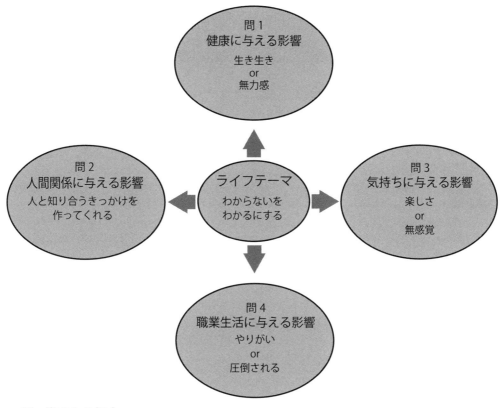

●例：光くんの場合

ライフテーマは、「わからないをわかるにする」

問1　「このライフテーマは、あなたの健康にどのような影響を与えますか？」

　　　自分の好奇心を満たす、ほどほどの「わからない」があるときは、やる気が出て生き生きします。でも対処できないほどの複雑すぎる「わからない」だと、無力感を感じて元気がなくなります。

問2　「このライフテーマは、あなたの人間関係にどのような影響を与えますか？」

　　　同じ「わかりたい」を持つ仲間が集まります。この好奇心が、導いてくれる上司や先輩、教授と知り合う機会をくれました。

問3　「このライフテーマは、あなたの気持ちにどのような影響を与えますか？」

　　　好奇心を持って取り組める場にいると、楽しさを感じます。あまりにも「わからない」が強すぎると、無感覚になります。諦めることもあります。

問4　「このライフテーマは、あなたの職業生活にどのような影響を与えますか？」

　　　今は開発部門にいるので、ぴったりです。やりがいを感じているし、順調です。でも、「わからない」が大きすぎたら、圧倒されてしまうかもしれません。

図に描いてみて、どんな気づきがありましたか？

僕の人生に、「わからない」は、良い影響を与えているみたいです。ただ、もしどうしてもわからない大きな壁に当たったとき、圧倒されて、モチベーションややりがいをなくしてしまう可能性があると思いました。

そんな時、光くんのロールモデルだったら、どうしますか？

ああ……。アナキンなら、才能（フォース）で乗り切るでしょうね。マーティだったら、ドクと一緒に、なんとか打開策を見つけるでしょうね。そうか、協力してくれる人を見つける、ということかな。そういえば、アナキンにはオビワンという師がいました。鍛えられて、乗り越えるということかな。

光くんが自分のストーリーの中で、主人公となって生き生き活動する。そんなシーンが目に浮かびますね。光くんの中には、ロールモデルが存在しています。光くんはすでに気がついていますね。これまでにも、「一緒に打開策を見つける」「師を見つけて鍛えられる」「才能で乗り切る」は、実際の対応策として使ったことがあるんじゃないですか？

……あ！　そうか。そんなことをたしかに、してきましたね。

13

あなたの「ライフポートレート」を書いてみましょう。

　ステップ1からステップ2にかけて、あなたの人生の小さな物語が、パズルのピースのように見つかったと思います。集めてきたパズルのピースを、1枚の大きな絵にまとめあげたものが、「ライフポートレート」です。細かい枝葉について語るのではなくて、木の幹となる大きなストーリーとして語ってみましょう。自画像や人物像を描く場合は、一流の画家は、対象となる人の存在や感情、考え方まで見透かしたポートレートを作成することができます。自分自身のライフポートレートは自画像にあたるでしょう。ライフポートレートを作成し、自分自身の人生をあらためて眺めてみましょう。ライフポートレートに必要なことは、文章としてまとまっていることです。そして、ポジティブで、力強く書かれていることです。

ライフポートレート作成の準備

　準備として、これまでのワークで書き出した答えを整理します。

●例：花さんの場合

①レッスン12で書いたライフテーマ（p.66）	大切な人に喜んでもらうこと
②レッスン2で書いた、3人を合体したキャラクターの特徴（p.16）	思いやりがあって親切で、周囲の人に慕われて、時には自分のことより他の人のことを優先して手を差し伸べる強い人。
③レッスン4と5で見つけた、興味関心のある領域（p.22）	1位　S　人と接すること 2位　A　創造すること 3位　I　知らないことを知ること
④レッスン8で書き出した、あなたの好きなストーリー（p.44）	友達を助けたために、自分の人生を棒に振ってしまった才能ある若者。迷惑をかけられても、友達を捨てきれず、そのせいでいろいろなことがうまくいかない。希望を持てなかったが、ピンチが大チャンスに変わる。自分の持つ特別な能力を見いだされ、仲間や、指導者、活躍の場を得て、才能を発揮する。困っている人、貧しい人のために手強い敵と戦い、勝利する。

| ⑤レッスン6で書いた、好きな言葉とその意味（p.33） | 止まない雨はない：辛いことや悲しいことがあっても、ずっと続くわけではない、という意味。 |

あなたも、ライフポートレートを書くための下準備として、これまでのワークで書き込んだものを、表に転記して整理しましょう。ワークを行ったページ数を記してありますから、参照してください。

①レッスン12で書いたライフテーマ（p.66）	
②レッスン2で書いた、3人を合体したキャラクターの特徴（p.16）	
③レッスン4と5で見つけた、興味関心のある領域（p.22）	
④レッスン8で書き出した、あなたの好きなストーリー（p.44）	
⑤レッスン6で書いた、好きな言葉とその意味（p.33）	

ライフポートレートの作成

この表からライフポートレートを作文してみましょう。

冒頭の文章：①に書いたライフテーマにもう少し言葉を足して、豊かな文章にします。これが、ライフポートレートの最初の文になります。

●**例：花さんの場合**

私は、大切な人に喜んでもらうことを気にかけてきました。大切な人を悲しませたくないし、守りたいのです。

> **ワーク**
>
> **ライフテーマに言葉を足して、作文してみましょう。**

_____

_____

_____

_____

2番目の文章：②のロールモデルの特徴をヒントに、「私は」という書き出しで、自分の特徴を説明します。まだロールモデルの特徴を自分のものにできていない、と思う人もいるかもしれません。でも、ここでは、積極的にロールモデルの特徴を活かして、作文してみましょう。そうすることで、あなたがロールモデルを自分の中に取り入れることができます。

●**例：花さんの場合**

　私は、思いやりがあって親切で、周囲の人に慕われて、時には自分のことより他の人のことを優先して手を差し伸べる強い人です。

> **ワーク**
>
> **ロールモデルの特徴をヒントに、「私は」という書き出しで、作文してみましょう。**

私は、_____

_____

_____

_____

_____

_____

3番目の文章：③に書いた興味・関心の領域をキーワードに、自分の活躍する舞台について説明します。舞台監督になったような気持ちで、舞台を設定してみましょう。その舞台で、あなたという主人公が生き生きと活動している姿を想像してください。

●**例：花さんの場合**

私は人と接する場にいて、会話を通して人の役に立つこと、尊重して、幸せをサポートすることに興味・関心があります（S）。いろいろと工夫したり、創造したり（A）、そして、知らないことを知ることが喜びになります（I）。

> **ワーク**
>
> **興味・関心領域をヒントに、あなたが活躍する舞台について作文してみましょう。**

_____

_____

_____

_____

_____

4番目の文章：④に書いた好きなストーリー展開を取り入れて、自分の人生台本を書いてみましょう。「もし私が大好きなストーリーから台本を作るなら」という文章に続いて、作文して下さい。あなたの好きなストーリーの筋立て（起承転結）がわかるように文章にします。

●**例：花さんの場合**

　もし私が大好きなストーリーから台本を作るなら、たとえ希望が持てない状況にあっても、自分の才能を信じることです。あるとき、すばらしい人と出会い、チャンスを得て、才能を活かして、仲間と一緒に困っている人を守り、援けます。

> **ワーク**
> ## あなたの好きなストーリーから、自分の人生台本を作文しましょう。

もし私が大好きなストーリーから台本を作るなら、

_____

_____

_____

_____

_____

　5番目の文章：「自分のための最良のアドバイスは」という書き出しで、⑤の好きな言葉とその意味を書きましょう。

●**例：花さんの場合**

　自分のための最良のアドバイスは、「止まない雨はない」です。これは、辛いことや悲しいことがあっても、ずっと続くわけではない、という意味です。

ステップ1

ステップ2

ステップ3

ステップ4

「自分のための最良のアドバイスは」に続いて、好きな言葉とその意味を作文しましょう

自分のための最良のアドバイスは、

_____

_____

_____

_____

_____

6番目の文章：いよいよライフポートレートのまとめの文章の作文になります。どのような場で、どんなことをすれば、あなたが今よりも幸せになり、成功すると思いますか？

　①のライフテーマ、②のロールモデル、③の舞台、④の台本、⑤のアドバイス、すべてがヒントになります。自分にとって大切なものを強調して、簡潔で力強い文章を考えてみましょう。人によって幸せになれる場所、条件は異なります。皆が同じ文章になることはありません。

●**例：花さんの場合**

　私は、新しいことを知れる場に仲間と一緒にいて、何かを生み出し、大切な人を守ることがでれば、今よりもっと幸せになれるでしょう。

自分が一番幸せになれると思う文章を作文してみましょう。

_____

_____

_____

_____

_____

_____

_____

_____

　ここまで書けたら、全体のまとまりがあるように、見直して、修正します。なるべくポジティブに、あなたの未来の可能性を書くようにしてください。ぜひ、生き生きとして、自分のライフテーマを希望を持って生き、新しい学びを得て発展していくあなたがイメージできるように書いてみてください。

●ライフポートレートの例：花さんの場合

> 　私は、大事な人を悲しませたくない、守りたい、ということを気にかけてきました。
> 　私は思いやりがあって親切で、周囲の人に慕われて、時には自分のことより他の人のことを優先して手を差し伸べる強い人です。
> 　私は人と接する場にいて、会話を通して人の役に立つこと、尊重して、幸せをサポートすることに興味関心があります。いろいろと工夫したり、創造したり、そして、知らないことを知ることが喜びになります。
> 　もし私が大好きなストーリーから台本を作るなら、たとえ希望が持てない状況にあっても、自分の才能を信じるものにします。あるとき、すばらしい人と出会い、チャンスを得て、才能を活かして、仲間と一緒に困っている人を守り、援けます。自分のための最良のアドバイスは、「止まない雨はない」です。この言葉は、私が困難に直面したときに、私をもっとも支えてくれるでしょう。
> 　私は、新しいことを知れる場に仲間と一緒にいて、何かを生み出し、大切な人を守ることができれば、今よりもっと幸せになれるでしょう。

あなたのライフポートレートを作成しましょう。

僕は2番目の文章で、花さんのように「僕はこういう人です！」と言い切ることができませんでした。まだまだ、ロールモデルのようにはなれていないな、と思ったからです。

今の段階で無理をしなくてもかまいませんよ。この後のレッスンで、ライフポートレートを誰かに聞いてもらったり、改訂したりということを行っていきます。そうするうちに、書き加えたり、文章を変えたりしたくなるかもしれません。

● **ライフポートレートの例：光くんの場合**

僕が気にかかることは、「わからない」です。予想を超えることや理解できないことがあると、心に「わかりたい」思いが沸き起こります。

僕は、皆に一目置かれる頼れる存在で、強くて度胸があって、誰にもできないことをする人でありたいと思っています。

僕は、R（現実的）、I（探求的）そしてS（社会的）な場にいると、生き生きできます。

僕の人生の台本は、成長の物語です。家族を失うような大変な出来事にあっても、残った人を大切にして、最初は弱くても、鍛えられ、強く成長します。最後には、大切な人を救います。

僕を勇気づける一番のメッセージは「失敗は成功のもと」です。最初からうまくはいかないこともあるけれど、失敗から意外な発見があったり、初めに考えていたより良いモノができたりします。だから失敗しても大丈夫、という意味です。仲間を得て「わからないをわかるに変える」仕事に就いて、心の中にある疑問を解決する努力を続けることで、僕はより成長します。

人の役に立つ何かを作り、疑問が起きたら追求するようなことを、仲間と一緒に行う場にいると、もっと幸せを感じ、もっと成功するでしょう。

これで、いったんライフポートレートの初稿ができ上がりました。アニメでいえば、監督が描く絵コンテのようなものが、完成しました。この後、ライフポートレートをより確実なものにしていきましょう。

ステップ1　ステップ2　ステップ3　ステップ4

14

まとめ：ライフポートレートを、誰かに聞いてもらいましょう。

　ステップ2では、ステップ1に続いて、マーク・サビカス博士による問いに答えていきました。「現在好きなストーリー」「幼少期の思い出」から、あなたの人生台本や、人生の根底に横たわる「気に掛かること」を探ってきました。これらの答えから、あなたの人生の金の糸「ライフテーマ」は何なのかを考え、あなたの人生を物語る「ライフポートレート」を書いてみました。

　いかがでしたか？　振り返ってまとめておきましょう。

ワーク

レッスン13で書き上げた、あなたのライフポートレートを声を出して読み直してみましょう。読んでみて、どんな感想を持ちましたか？

_____

_____

_____

_____

_____

_____

_____

私は、自分を、何も取り柄のない、ただの主婦だと思っていました。そして、やりたかったこととか、自分が何をできるかは特に意識せずに暮らしてきたと思います。もしかしたら、諦めなければならないと思いこんでいたのかもしれません。

家族を大事に、というのは、もちろん今も思っているけれども、自分の気持ちを犠牲にする必要はないのかもしれません。考えてみたら、夫も子どもたちも、「ママ、犠牲になって」と言っているわけではないのです。でも、なぜだか、自分のやりたいことは二の次にしないといけないような、そんな気がしていました。

ライフポートレートを作成してみて、皆を喜ばせるということにこだわりすぎず、もっと自分のことも大切にしていいんだと思えてきました。「大切な人を喜ばせる」が金の糸でしたが、意味を広げて、「大切な人を尊重する」とか「大切な人の幸せをサポートする」というように変えたらよいかもしれません。

仕事ということでいうと、「守る」「話す」というキーワードが見つかりました。経験のある販売職もいいけれど、新しいことにもチャレンジしてみたい、と希望が湧いてきました。守って、話して、人を尊重して、サポートする仕事って何でしょうね。考えてみたいです。

僕は、「わからないを、わかるにする」がライフテーマと知って、納得しました。

「わからない」は、悪いことでなくて、「もっと知りたい」「本当はどうなのか追求したい」という好奇心につながって、僕のこれまでの人生の役に立ってきたんだと思います。たくさんの人たちとの出会いは、このライフテーマがあったからこそです。子どもの頃の両親の離婚、という出来事は、弱かった自分を強くしてくれた経験と捉えることができました。成長してきた自分の人生を、なんだか愛おしく感じました。

そして、製品開発がしたいという僕の職業選択は、必然だったんですね。今の仕事でいいのだ、と納得することができました。納得することが確信につながるんですね。

やはり、ライフテーマに触れることは、自分の人生の意味に触れることになるのですね。誰でも、ライフテーマに触れて、生きる力を感じるのは、必要なことですね。ライフテーマを知ることによって、自信や、力強く生きることを強めることができます。

親しい人に頼んで、あなたのライフポートレートを、聞いてもらいましょう。その人の感想を聞いてみましょう。

_____

_____

_____

_____

_____

　あなたの人生が、人に理解してもらえるように語られた時に、はじめて、あなたはあなたの人生の証人を得ることになります。

　証人が多ければ多いほど、あなたの人生は確かなものになるでしょう。あなたの証人は、あなたに自信を与えてくれます。

> 私は、家族に話してみました。今まで家族に自分がやりたいことを伝えたことがありませんでした。家族は、私にもやりたいことがあると知って、びっくりしていたようです。今まで、「妻」であり「母」であっても、「私」が誰なのかは、夫も子どもたちも知らなかったのです。私自身も知りませんでした‼
> 夫からは「家族のために、諦めてきたことがあったんだね。知らなかった。でも、これからでも、遅くないよ。自分を大切にして、やってみたら?」と言われました。泣いてしまいました。
> 自分で自分を理解することだけでも、すごく力になると思っていたのですが、自分の大切な人に、自分をわかってもらえるって、こんなに嬉しいものなんですね。

僕は、照れ臭くて、母や妹には言えませんでした。それでも、彼女に聞いてもらいました。彼女は「ああ、そうだったんだね」と受け止めてくれました。「光くんのことが、これまでより、よくわかったよ」と言ってくれました。僕も、スッキリした気持になりました。

お話、ありがとうございました。言葉にして、自分がきちんと説明できるということは、自分の存在を確かにするためには必要なんだと、花さん、光くんが教えてくれたと思います。読者の皆さんも、同じ体験をできると確信しています。
ステップ2では、自分のライフテーマや、心の奥底で気にかけてきた「捉われ」を見つけ、そこからライフポートレートにつなげるワークを進めてきました。ステップ3では、ステップ2で書き上げたライフポートレートを、より確かなものにしていきましょう。

もっと確かになる？　それはどういうことですか？

今まで、過去の思い出を語ってきましたよね。実はライフポートレートで書かれたことは、皆さんの未来のストーリーです。

未来のストーリーって何ですか？

過去から現在までの道しるべを今まで話してきました。実は同じストーリーが、現在から未来へ続いているのです。

え？　よくわかりません。同じストーリーが繰り返されるということなんですか？

ステップ1

ステップ2

ステップ3

ステップ4

皆さんのライフテーマは、未来に続いていくということです。ステップ3で、具体的に取り組んでいきましょう。

ワーク

ステップ2で気づいたことや、疑問に思うことを書き出しておきましょう。

先生からの
メッセージ

スマートフォンやタブレット
で読み取ってください。

行動を起こす：
人生は「意味」を追求するプロセス

ライフポートレートは、あなただけのものです。平凡だな、とか、誰にでもあるごく一般的なことだな、などと思う必要はありません。一人ひとりが個別の存在で、かけがえのない人生を生きています。

たとえば、花さんの場合は「守る」「話す」という人生の意味が見つかって、希望が湧いてきました。光くんの場合は、今まで知りたいと思ったことを追求してきた自分の人生を、愛おしく感じました。きっと皆さんも、ライフポートレートの中に、自分の人生の意味を見つけてさまざまな感情が湧いてきたのではないでしょうか。

感情は、体の状態にも影響を与えます。涙する人もいれば、顔が紅潮したり、胸がドキドキしたり、頭がスッキリする人もいるかもしれません。そのような、感情による身体の反応にも、どうぞ注目してみてください。感情の高まりを経験すると、それが動機づけになります。感情は、人が何か行動を起こすために必要なエネルギーを生み出します。最初の一歩を踏み出せば、どんなに遠い道のりでも、目的を叶えることは可能です。人生は「意味を追求するプロセス」です。

ライフポートレートが、最初の一歩を踏み出すエネルギーになることを、カウンセリングの場面で、多数見てきました。たとえば、仕事に悩んでいたCさんは、ライフポートレートを書いた段階で、長年やってみたいと思っていたプロジェクトに応募するという行動を起こしました。自分に自信を持てなかったDさんは、ライフポートレートを書いた後、資格試験に挑戦する決心をし、申し込みをしました。皆さんの心に湧いてきた感情も、もしかしたら、何かの行動につながるかもしれませんね。

もし皆さんが、すぐに意味を追求するための行動を起こせなくても、心配しないでください。この後のレッスンで、ライフポートレートを書くことで明確になった「人生の意味」に基づいて、具体的な行動を起こすための「アクションプラン」を作成していきましょう。

ステップ3 これからの人生をデザインする

私は、ライフポートレートを作成してみて、もっと自分のことも大切にしていいと気づきました。もう一度仕事をしたい気持ちも固まってきました。どんな仕事が合っていそうかも、少しずつ見えてきた気がします。人を守るとか、人と話をするとか、手助けするとか、そういうイメージが湧いてきています。

僕は、選んだ職業がこれでよかったんだ、と納得して、なんだかやる気になってきました。

このステップでは、ライフポートレートをもっといろいろな方向から、見てみましょう。ライフポートレートを客観的な視点から見て、意味を考えていきます。そうすることで、自分が人生の中で、どこに向かって進んでいけば良いのかが、より確実になるでしょう。

どこに向かいたいかがわかっても、いろいろな制約がありますよね。

それに、コロナのような予期しないことも起きるし、未来を予測してキャリアプランを考えるのは、難しい気がします。

たしかに、制約や予期しない変化はありますね。でも、自分がどこに向かっていくかということが明らかであれば、それがよりどころやガイドラインになって、不安定な社会でも、人生をデザインし、ある程度安定して生きていくことができます。

あ、私たち、ライフポートレートを書いて、ライフテーマを見つけましたよね。それがよりどころや、ガイドラインになるんでしょうか。

はい、その通り！　ステップ3では、ライフポートレートをいろいろな角度から見直して、ガイドラインを明確にしていきます。そうすることで、これからの人生をデザインすることができます。

レッスン 15 あなたの「ライフスペース」を描いてみましょう。

　ライフポートレートを見直す前に、準備として、自分の心の中を客観的に眺めて、整理しておきましょう。

　ここでは、あなたが生活する中での心のスペースを、「ライフスペース」と呼びます。たとえば、部屋のスペースが狭いと、なんとなく息苦しいですね。机の上にごちゃごちゃ物があると、新しいものを置くスペースがありませんね。私たちの心にも「スペース」は必要です。ライフスペースが十分にあると、心に余裕があって、さまざまな選択肢が見えます。ところが、ライフスペースが狭くなると、選択肢が見えません。息苦しくなり、余裕がなく、解決の方法が見えずに、せっぱつまった焦りを感じるでしょう。

　ライフスペースがどのくらいの広さがあるのか、その中に何があるか、どれくらいの場所を占めているか、あるもの同士の関係性などがわかると、自分の心の中を整理できます。いらないものを捨てたり、新しく場所を作ったりすることもできます。

ワーク

サインペン（好きな色を、何色でも）を用意してください。
（1）ワークシートを、あなたのライフスペースだと考えてください。
（2）ワークシートのどこでも好きなところに、好きな大きさで○を書いて、その中に「私」と書いてください。
（3）私の周りに存在するもの（主な気にかかること）を書いてみましょう。自由な大きさで、○や□などのさまざまな形で、自由に描いてください。その図形の中に、説明を書いてください。

私を中央に書きました。次に書いたのは、家族です。やっぱり、一番、心の中では気にかかるので、大きいスペースを取っていますね。子どもが小学校にはいって、時間に余裕ができるといいな、と思っていたのですが、PTAだの、町会の役員だの、意外と忙しくて、あまり自分の時間がないんです。もう一度やりがいを持って働きたい気持ちはあるけれど、どうやって時間を作ったらいいのかな？　という思いが大きいです。何がしたいか、何ができるかは、ライフポートレートを書いて、だいぶわかったのですが、実際行動に移すとなると、まだかなぁ。夢、という感じです。でも、この図を見たら、夢はけっこう大きいですね（笑）

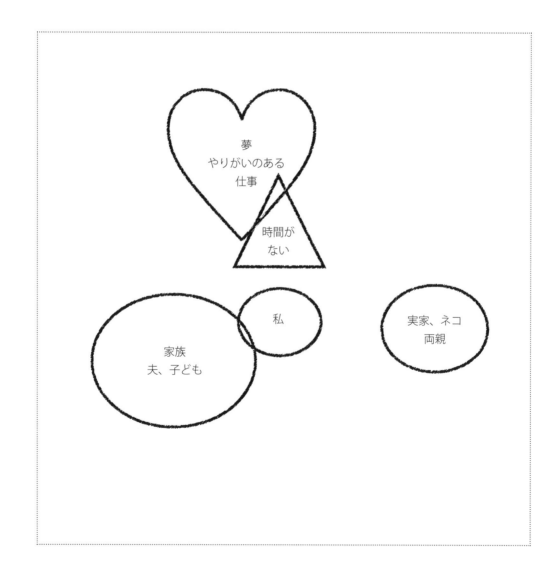

僕の、自分を示す○は、花さんよりずいぶん大きいですね。心の中は、自分中心ということかな？　職場では、まだ入社3年目なので、自分に任されている製品はなくて、先輩や上司の手伝いが主です。それはそれで面白いんですが、早く、自分の興味ある製品に取り組みたい、という気持ちは強いです。でも、正直、仕事のことばかりが心を占めているわけではないです。楽しいこともしたいし、仲間との時間も大切と思います。一人暮らしになって、日々の生活、まぁ、掃除だったり、食事を作ったり、洗濯なんかをするのは大変ですね。やりたいことがいっぱいあるな、と思います。

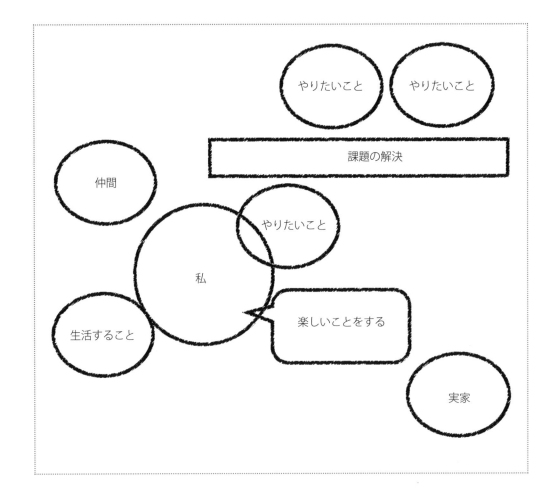

ワーク

あなたのライフスペースを、図示しましょう。

図を見て気づいたことを文章にしましょう。

_____

_____

_____

_____

_____

_____

_____

ライフスペースの様子を図に描くことで、あなたの周りに存在する懸念や関心事とそれらとあなたとの関係が図示できましたか？ 「気になること」が「私」の近いところに位置するのか、ライフスペースに占める大きさはどのくらいのサイズか、それぞれの「気になること」の関係性はどうか、など気づくことができたでしょうか？

ライフスペースを図に書いてみて、どんなことを感じていますか。

自分を大切に、と思ったけれど、今現在は、まだ自分より家族の○のほうがずいぶん大きいことに気がつきました。あとは、どうやって時間を作って、夢を実現させるのかな、ということが課題のように思いました。

花さんは、図に描くことで、ライフスペースが広がったので、課題に気がついたんですね。ライフスペースがいっぱいいっぱいだと、課題にも気がつかないものなんですよ。

そうなんですね！　描くだけで広がったんだ。

光くんはどうですか？

やりたいことがたくさんあると気づきました。仕事も、楽しむことも両方です。

光くんも、ライフスペースが整理できて広がったようですね。

 16   あなたのライフスペースの中から
聞こえてくる声は?

　今日は、ライフスペースの中の、さまざまな声を聞いてみましょう。あなたのライフスペースには、あなた自身の心の中の声だけでなくて、外の社会の世界から聞こえてくるさまざまな声も含まれています。それぞれ対立する場合もあるし、納得できる声もあり、無視できる声もあります。

　どの声に振り回されているか、どの声を聞いていなかったか、どの声が信頼できるかを、もう一度考えてみましょう。

　そうすることで、さまざまな声に惑わされることなく、自分らしくライフデザインを進めることができます。

 たとえば、花さんの心の声の1つは、「もっと時間がほしい、時間が足りない」でしたね。他に、どんな声が聞こえますか?

私の想像でいいんですか?

 いいですよ、どんな声が聞こえてきますか?

本当はどうか分からないけれど、「ママ、家にいてよ!」という子どもの声が聞こえる気がします。

 世間の声はどうですか?

「ずっと主婦だったんだから、仕事なんて無理じゃない？」「家のこと、子どものことがまず優先でしょ」という声もあれば、「子育てしながら働いている人はいっぱいいるよ、あなたはなんで働かないの？」という声もあります。

花さんの心の声は、聞こえてくるそれらの声に対して、なんて言ってますか？

ライフポートレートを書く前だったら、世間の声、主婦は働けない、子どもが優先、という声が大きかったと思います。

今は？

今は、自分の声、「時間をやりくりして夢を叶えたい」ですね!!　だって、ライフスペースの中に描いた夢はかなり大きいですものね。

　皆さんは、どうでしょうか。どのような声によって影響を多く受けているのかを考えてみましょう。

> **ワーク**
>
> **レッスン16で描いたワークスペースの下に、あなたの心の世界でのさまざまな声を書き出しましょう。**

親しい人の声「　　　　　　　　　　　　　　　　　　　　　　　　　　　　」

期待の声「　　　　　　　　　　　　　　　　　　　　　　　　　　　　　　」

意志の声「　　　　　　　　　　　　　　　　　　　　　　　　　　　　　　」

幼いころの声「　　　　　　　　　　　　　　　　　　　　　　　　　　　　」

10年後の自分の声「　　　　　　　　　　　　　　　　　　　　　　　　　　」

身体の声「　　　　　　　　　　　　　　　　　　　　　　　　　　　　　」

その他の声「　　　　　　　　　　　　　　　　　　　　　　　　　　　　」

> 光くんのライフスペースには、どんな声がありましたか？

> 自分の声は、「仲間と楽しいことをしたい」ですね。図には会社を書いていませんでしたが、会社の、「成果を出しなさい！」っていう声も聞こえます。職場の仲間からは「一緒に、いい製品を作ろうな！」っていう声。母は、「好きな仕事ができてよかったね」と言っていますね（笑）。また、世間の声は、「成人していっぱしにできると思っているようだが、まだまだだね」という声が聞こえます。

> 世間の声は、やっかいですね。誰にでも当てはまる一般的な意見で、必ずしも光くんの個別性については何も発言していないでしょう。一番大きく聞こえるのは、どの声ですか？

> 職場の仲間の声かな。「一緒に、いい製品を作ろう、皆で助けあって取り組もう」がよく聞こえます。

ワーク

（1）あなたの心で一番大きな声は、どのような意見を言っていますか？

●例：光くんの場合

仲間の声「一緒に、いい製品を作ろう、皆で助けあって取り組もう」

（2）その大きな声に対して、あなたの大好きな格言はなんと言うでしょうか？

●例：光くんの場合

「失敗は成功のもと」だから、会社の声に対しても、世間の声に対しても、恐れずにトライしよう。

格言「　　　　　　　　　　　　　　　　　　　　　　　　　　　　　　　　　　**」**

_____

_____

_____

_____

（3）その声に対して、あなたのヒーローは何と言いますか？

●例：光くんの場合

アナキンだったら、「よおし、皆で一番かっこいいポッドレーサーを作って、優勝しよう！

_____

_____

_____

_____

ライフポートレートを図にしてみましょう。

　レッスン 15 と 16 では、皆さんの心の中を、ライフスペースの図として描き、整理してきました。ライフポートレートも図にしてみましょう。そうすることで、ライフポートレートを、より整理して、すっきりと理解できるでしょう。

花さんのライフポートレートに含まれるキーワードを書き出してみましょう。

キーワードとは、何ですか？

もう一度、ライフポートレートを読み直して、重要な意味のある単語、あるいは意味がはっきりしない単語、気になる単語などを抜き出してみてください。

そうすると、私の場合……

・ 大事な人（家族）

・ 困っている人（援ける対象となる人）

・ すばらしい人（恩師、上司。チャンスをくれる人。未来に出会うであろう導いてくれる人）

・ 仲間

そうですね、登場人物はその通りですね。人だけでなく、感情とか考え方、特徴となる行動もヒントになります。

喜んでもらったり、役に立ったときに、嬉しいという感情があります。

では、「喜ばせる」「役に立つ」も要素に入れましょう。「守る」「援ける」もキーワードではありませんか?

そうです、そうです。

では、それも加えましょう。

●例：花さんの場合

人

・ 大事な人（家族）

・ 困っている人（援ける対象となる人）

・ すばらしい人（恩師、上司。チャンスをくれる人。未来に出会うであろう導いてくれる人）

・ 仲間

感情や行動など

・ 喜ばせる

・ 役に立つ

・ 守る

・ 援ける

その他のキーワード

・ チャンス

・ 才能

あなたのライフポートレートを読み、そこに出てくるキーワードを書き出してみましょう。

（1）登場人物とその特色を示すキーワード

_____

_____

_____

（2）感情を示すキーワード

_____

_____

_____

（3）行動を示すキーワード

_____

_____

_____

（4）その他のキーワード

_____

_____

_____

ワーク

次の図を参考にして、あなたのライフポートレートを図にしてみましょう。

●例：花さんの場合

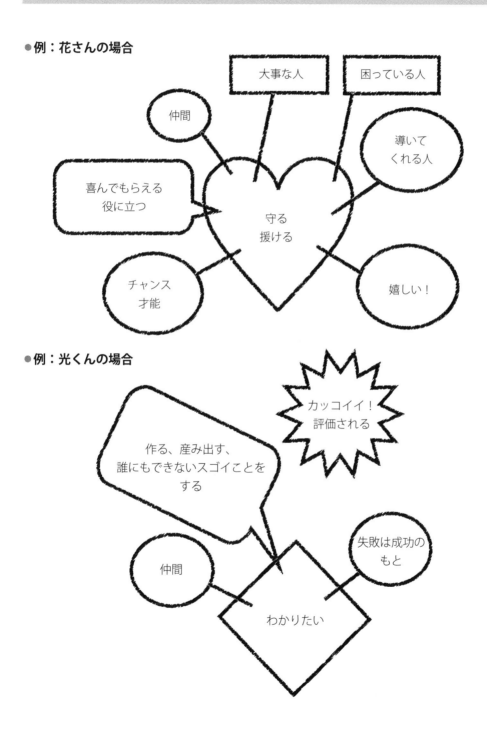

●例：光くんの場合

図に描いてみて、どうでしたか？

守る、援けるというキーワードが、他のキーワード全部とつながっていると気づきました。

それは、すごい発見ですね。花さんのライフテーマは「大切な人をサポートする」でしたね。そのためには、重要な動詞がありますね。「守る、援ける」ですね。

そうなんです、そのためには、チャンスや才能が必要なんです。仲間も。

だいぶ、キーワード同士の関係性が明確になりましたね。光くんはどうですか？

2つの大きなまとまりがあることが、わかりました。その根底には「わかりたい」があります。2つに共通のこととして、仲間とやること、失敗は成功のもとであること。そんな図になりました。
そのためには、チャンスや才能が必要なんです。仲間も。

仲間と一緒に、失敗を恐れずにやってみることですね。

図にしてみて気づいたこと、感じたこと、整理できたことを書き出してみましょう。

18 あなたの強みは何ですか？

ここまで進めてきて、自分の人生は自分で決めることができると気がつきましたか？

でも、やりたいと思ってもできないこともあります。たとえば、私の場合、時間を作るということがすぐにできるわけではありません。

ここで言っているのは、自分にとって大切なものは何かを決めることができる、という意味です。

ああ、それならできますね。

決めることができるだけではなく、ちゃんとそれを実現するための道具も持っているはずですよ。実は、花さんには、「強み」というものがあります。強みは、花さんがデザインした人生を送るのを手助けしてくれる道具になります。

強みというのは長所のことですか？

長所と理解してもいいでしょう。強みは、困難に立ち向かうために使う道具のようなものです。花さんや光くんが過去に困難に直面した時に、何とか対処できたのはどうしてでしょうか？　自分が利用できる道具を使って対処してきたからでしょう？　誰にでも、その人に固有な強みがあります。少し考えてください。

私は、困っている人を援ける、大切な人を守るという強い気持ちに支えられてきたように思います。そういうのも、強みと言っていいんですか？

もちろんです。それに、花さんには話す、コミュニケーションをするという道具もありますね。

たしかに、気持ちを伝えて、情報を説明することはしてきました。

僕は、強い好奇心と仲間を信じることかな。何か困難があっても「なぜかな」と考えるし、仲間がいたので、孤立しなかった。

そうですね。過去に役に立った道具が何であったかをしっかりと覚えていれば、意識して使っていくことができます。花さんや光くんがライフポートレートに書いた中で、自分が道具として使える強みを5つ以上書き出してみましょう。強みは、たとえば、忍耐強い、努力する、あきらめない、人に頼めるなど、この世界を生きるための武器みたいなものです。

それなら、僕の場合は、好奇心、社会性、仲間と協働ができる、それと、新しいことをしたい気持ちかな。

私の場合は、忍耐強さ、大切な人を守る力かな。

もっとあると思うので、ここで少し時間をとって考えてみましょう。

ワーク

あなたが困難に直面した時には、どのような強みがあなたをサポートしてくれますか？　できるなら5つ書き出してみましょう。

・_____

・_____

・_____

・_____

・_____

それでは、あなたのロールモデルが持っているパーソナリティの特徴をもう一度確認してみましょう。3人のロールモデルを統合した特徴を、もう一度言ってみてください。

私の場合は、思いやりがあって親切で、周囲の人に慕われて、時には自分のことより他の人のことを優先して手を差し伸べる強い人。

僕の場合は、皆に一目置かれる頼れる存在で、強くて度胸があって、誰にもできないことをする。

花さんも光君も、ロールモデルの強みを自分のものにしていますね。

ロールモデルの特徴
・思いやりがある
・親切
・慕われる
・他者を優先する

あなたの強み
・援ける
・守る
・コミュニケーション
　する

ロールモデルの特徴とあなたの強みとの関係を図示してみましょう。

ロールモデルの特徴　　　　　　　　　　　　　あなたの特徴

1. あなたの最大の強みは何ですか？

●**花さんの場合**　守る　この意識がとても強いです。守りたい、と思うと、どんな努力で
もします。その意識のおかげで、いろいろな大変なことを、乗り越えてこれたと思います。

2. あなたが成長したい領域は何ですか？ 成長するために、強みが活用できますか？

●**花さんの場合** 時間を作って、仕事をしたい。もし家事育児と、仕事の両立が難しくなったとしても、家や子どもたちを守るため、いろんな工夫をすると思います。「守りたい」は役に立ちそうです。

_____

_____

_____

_____

3. 誰かがあなたのやりたいことに反対した時、あなたの強みは、どうやってあなたを助けてくれますか？

●**花さんの場合** レッスン16のワークで、「主婦だったあなたに、働くのは無理」という声が聞こえたのですが、子どもを守るためだったら、努力もできるし、頑張れると思います。たとえば、子どもの学費のためとか、子供達の夢を実現させるために、お金がかかるわけで、そのために頑張ろうって思えます。

_____

_____

_____

_____

ステップ1

ステップ2

ステップ3

ステップ4

19 あなたの「捉われ」は何ですか?

昨日はみなさんのロールモデルと強みの関連について考えてきました。今日は、ライフテーマをもう一度見直して、考えてみましょう。

ワーク

まずはウォーミングアップです。次のネガティブな視点をポジティブ視点に転換してみましょう。
次の練習問題は、ネガティブに表現されていますが、これをポジティブに転換すると、どうなりますか? コツは、発想の転換です。ネガティブな表現の裏に何かポジティブな意味がないかを探ることです。

1. 私は心配性で、何回も確認しないと不安です。

ポジティブ転換⇒

_____

2. 私は、決断することが苦手で、いつもいろいろと別の案を考えてしまい、決断ができません。

ポジティブ転換⇒

_____

3. 私は、人に迷惑をかけたのではないかと気にしています。いつも自分に責任があると思います。

ポジティブ転換⇒

_____

「私は心配性で、何回も確認しないと不安です」は、私のことみたいです（笑）。家を出るとき、戸締まりは？　火元は？　と何度も確認してしまいます。準備に時間がかかります。

多少不便に感じているんですね。でも、ちゃんと確認するから、事故がないでしょう。ポジティブ転換して言ってみてください。

私は、確認をていねいにやって、確実に、安全にものごとを進めます。

いいですね！

僕は、食事に行ってメニューを選ぶのに、友達より時間がかかります。決めるのに、すごく迷ってしまいます。優柔不断ですね。

それはきっと健康だからですよ。好きな料理が多いので選ぶのが大変ですね。これは決心するのが苦手で優先順位がつけられないということよりも、食べたいものが多いという健康な欲求があるんじゃないですか？

そうか。ではポジティブ転換するとしたら、「食べたいものがいろいろあって、健康的」。

友達に、いつも人に迷惑をかけたのではないかと気にして、責任を感じている人がいます。その人には、「思いやりがあって、人に不快な気持ちを感じさせたくない、責任感がある人ですね」と言ってあげられると思います。

うまくポジティブ転換できましたね。では練習はこれくらいにして、ライフテーマのポジティブ転換について考えてみましょう。

ライフテーマのポジティブ転換

私のライフテーマは、「大切な人に喜んでもらうこと」でした。でも、これだと、喜んでもらえないこともあって、いくら努力しても相手次第になってしまう部分があって、少し苦しいと気づきました。なので、「大切な人を支える、サポートする」がよいかな、と思っています。

もともとは、大好きなお父さんを悲しませてしまった、という幼少期のネガティブな思い出でしたよね？　それを、ポジティブに転換して、大好きなお父さんに喜んでもらうというライフテーマにしましたね。そして、それでは少し苦しいと感じて、さらに書き直したのですね。

僕の場合は、トイレに一人で行きなさいと言われて、なんで急に？　とビックリした経験から、「わからない」を「わかる」にするというライフテーマになりました。これも、ポジティブ転換されていますか？

はい、「捉われ」をポジティブに転換して、ライフテーマを導き出せていますね。

ワーク

あなたのライフテーマは、このようなポジティブ転換が表現されていますか？　確認してみましょう。

捉われ

_____

_____

_____

ライフテーマ

_____

_____

_____

　すでにポジティブ転換されていますか？　それとも、ポジティブ転換する必要がありますか？　ある場合、どのようにできるでしょうか？

_____

_____

_____

　捉われの否定的な意味は、文字通りにある種の思い込みに捉われて人生に制限やマイナスの影響を与えることです。ところが、この捉われを修得する（master）、つまり自分のものにする、学んで乗り越える、使いこなす、などができるようになると、気になることの視点をポジティブな意味に転換することができます。今まで、何度も繰り返し経験した「辛い、嫌な、無力さ」が何であるかを知ることで、自分のものにすることができます。無意識に苦しんでいたことを積極的に修得することで、苦しみを力に転換できるのです。

　花さんは大事な人を悲しませてしまったと感じる時、今でも、すごく辛い思いをするのではないですか？

　その通りです！　意図せず、人を傷つけてしまったのではないか？　というとき、かなり凹みます。

　僕も、あまりにもわからないことが起こると、圧倒されて、固まってしまいます。どうしたら良いかわからなくなって。

ステップ1
ステップ2
ステップ3
ステップ4

幼少期に体験した「捉われ」は、人生の中で何回も巡ってきます。それを乗り越えることを、サビカス博士は、「犠牲者から勝利者へ（from victim to victor）」と表現しています。誰もが、傷つきやすさを持っているものです。それに気づいて、うまくやっていくことを「捉われをマスターする」と言います。

　いくつか例を挙げましょう。Aさんは、子どもの頃、「○○をしてはいけません」とか「○○しなさい」など、厳しく制限されたことが「捉われ」でした。大人になったAさんは、自由に自分を表現する仕事、アーティストを選びました。これは、「制限」という捉われを、「自由になる」というライフテーマにポジティブ転換した例です。Bさんは、孤独だった幼少期の思い出を持っていました。捉われは「淋しさ」でしたが、仲間と協同して、ボランティアとしてホームレスの支援をしています。「淋しさ」というとらわれを、「人を世話する」にポジティブ転換した例です。AさんもBさんも、無意識に何もするすべがなく、ただ苦しむだけの経験を、意図的に、肯定的に意味を変換することで、生きる糧にすることができています。

花さんの捉われは、「大事な人を悲しませてしまった」ことでしたね。それをポジティブ転換して、「大事な人を喜ばせる」というライフテーマが見つかったわけですよね。さらに書き換えて、「大事な人をサポートする」になりましたね。では、花さん、もし人をサポートする仕事をしたら、どうなりますかね？

それは、きっと嬉しいと思います。やりがいもあるし。

花さんは、これからどんな仕事をすればよいかを、迷っていましたよね。実は、捉われが、仕事になります。
「捉われ」は、英語で「プレオキュペーション」（preoccupation）です。
「オキュペーション」（occupation）は、職業という意味です。preoccupationの意味は、pre-という接頭語を受けて「前職業」となります。たとえば、子供の頃、病気がちで入院した経験のある方は、「病気からの解放」がプレオキュペーションになって、看護師さんになる、などの例があります。つまり、花さんの場合は、「人をサポートする」が職業につながります。

そうか！　人をサポートする職業ですね。それなら、いろいろな選択肢がありそうです。

ワーク

（1）あなたの「ライフテーマ」を書き出しましょう。

（2）現在の仕事、あるいは興味のある仕事を書きましょう。

（3）　(1) と (2) の関係性を考えてみましょう。

レッスン **20** あなたを未来に導く標識を
見つけましょう。

レッスン19では、捉われをポジティブ転換することや、マスターすることについて考えてみましたね。今日は人生の進むべき方向を示す標識を確認しましょう。まず、過去から現在まで、どの標識に従って人生を進んできたかを確認し、そして、現在から未来へ続く標識を確認してみましょう。

私たちは、標識に従って人生を歩んできた、ということなんですか？

はい。そして、現在から未来までの標識は、過去から現在までの標識と同じものが続きます。

それでは、未来はもう決まっていることになりますよね？

そうです。ですから、これまでどんな標識に従って生きてきたか、確認しておく必要があるんです。

変えることはできないんですか？

もし、あまり気に入らない標識だったとわかれば、変えていくことはできますよ。よく、過去は変えられない、と言いますよね。でも、過去の「意味」の解釈を変えることはできます。すると、標識も変わり、未来も変わります。

え？　なんだか不思議ですね。でも面白そうです。

ワークで一歩ずつ、進めていきましょう。

花さんは、どんなパターンが見つかりましたか？

いいことでも、悪いことでもいいんですか？

どちらでも良いですよ。例えば、いいパターンってなんですか？

すばらしい人と出会い、チャンスを得て、才能を活かして、仲間と一緒に仕事をする、っていうこと。高校時代の部活、大学生の時のゼミ、就職してから、これは、どの年代でも、経験しました。

ステップ1
ステップ2
ステップ3
ステップ4

起きて欲しくないパターンや、パターンが起きたために生きにくくなった ケースはありますか？

 あります！　何度も起きたことなんですが、新しい社会、世界に入ってい くと、よく、意地悪されたり、足を引っ張られたりしました。これも、中 学生の時から、大人になるまで、何度も繰り返しのパターンでした。中学 生の頃にいじめられた経験は、一番辛かったですね。

 それが花さんの人生に繰り返し起こったパターンなんですね。それも標識 を見つける1つのヒントになりますよ。

ワーク

あなたの未来にも、起きてほしいパターンは何ですか？　起きてほしく ないパターンは何ですか？　それをどのように変えたいですか？

_____

_____

_____

_____

起きてほしくないパターンを回避するのに、「好きな格言」や、あなたの 持つ「強み」はどのように役立ちそうですか？

_____

_____

僕の場合、やりたいけど無理かなぁと思っていると、偶然手を貸してくれる人が現れて、夢が叶うということが、何度もありました。これは、もちろん、未来も起きてほしいパターンです。起きて欲しくないパターンは、自分ではどうしても解決できない問題が急に現れて、無気力になってしまう、ということですね。投げ出したくなってしまう。それも、これまで何回も繰り返してきました。

嫌なパターンを、どのように変えたいですか？

うーん……

光くんの大好きな格言はなんでしたっけ？

「失敗は成功のもと」です。

じゃあ、その通りにしたら、どうなりますか？

解決できない、という経験をした、ということ。それは、いつか役に立つということですかね。

光くんの強みは何でした？

好奇心、社会性、仲間と協働ができる、それと、人と違うことをしたい気持ち、です。

その強みも、嫌なパターンを回避するために使えるかもしれませんね。

先生、意地悪されるパターンは、もう繰り返したくないんですが、どうしたらよいですか？

意地悪された後、これまでのパターンでは、どうなったんですか？

そうですねぇ。意地悪された時は、もちろん、嫌な気持ちだし、悔しくなりました。でも…、そうか！　考えてみたら、その後、いっそう、努力をするようになりましたね。いつもそうでしたね。もがいているうちに、良き指導者に巡り合えたり、仲間も力を貸してくれました。おかげで成長して、結果的には、誰かの役に立つことにつながっていましたね。

花さんにとって、人生の中で経験したパターンは、繰り返したいパターンでも、繰り返したくないパターンでも、結局は、人の役に立つ、ということにつながっていたんですね。

あ！　それって、私のライフテーマにすごく似ていますね。「人をサポートする」という。

それって、花さんの未来の人生の標識になりませんか？
実は、ライフテーマが、未来の人生を予言するのですよ。

えっ、なんだか不思議ですね。

　過去から現在までの人生には、一定のパターンがあることを確認できたと思います。そのパターンは、現在から未来へと続きます。つまり、未来の人生のシナリオは、すでに書かれていることになります。これが、未来への標識です。ただし、標識を変えて、未来を書き変えることは可能です。光くんのように、大好きな格言や、ロールモデルが持つ強みで対処したり、花さんのように、「意地悪されていた」という意味を「仲間や指導者とつながり成長する」という意味にポジティブ転換することもできます。

ワーク

あなたは、あなたの未来への標識やシナリオを、どのように書き直したいですか？　書き加えたいですか？

　サビカス博士は、ライフポートレートはあなたの未来の台本ですと言っています。あなたの過去から現在までに、現れたパターンは、これからの人生、未来に向かう人生の中でも現れると思いますか？　答えは、イエスです。現在の社会を象徴する言葉は、不確実で不安定です。ところが、ライフパターンの継続は確実で安定しています。つまり、現代社会で安定しているものは、あなたのライフテーマです。ライフテーマについて深く知ることで、あなたは未来の人生を予言することもできます。

　また、予言する未来が何らかの問題があるなら、ライフテーマをポジティブ転換することも可能です。

21 まとめ：あなたの未来を 予言してみましょう。

　ステップ 3 では、ライフポートレートをいろいろな角度から見直して、意味をより深く考えてきました。その準備として、自分の心の中のスペースを整理したり、ポジティブにものごとを変換する練習も行いました。これからの人生をデザインするために役立つ標識も、いくつか見つかったと思います。

　ステップ 3 のワークを通して、自分の人生が、どこに向かって進んでいるのかが、より明確に見えてきたのではないでしょうか？　振り返ってまとめをし、最後に、この先の人生について、自分の言葉で語ってみましょう。

ワーク

レッスン 15 で描いたライフスペースをもう一度見てみましょう。心の中で、自分と位置が近くて、サイズが大きいものは何でしたか？

僕は、「やりたいこと」がたくさんあり、自分自身を描いた○が、思ったより大きなスペースを占めていました。

私は、自分より家族が大きくて、しかも自分の上に重なっていました。

図に描いてみると、どの何が自分に近くて大きいのかが、よくわかりますね。今のライフスペースの状態が、自分にとってプラスに働いているのか、マイナスになっているのか分析することが大切ですね。

僕の場合、マイナス面としては、楽しいことを優先しがちで、面倒なことや、やりたくないことが後回しになる、という感じです。でも、やりたいことを楽しくやるのは、ストレス解消にもなるし、僕には必要です。

マイナスの面もプラスの面も、わかっているようですね。自己理解が進みましたね。花さんはどうですか？

良くも悪くも、家族の存在がとても大きいですね。ライフポートレートに、「大切な人を守る」というフレーズが出てくるんですけど、あ、私、ちゃんと守っているな！　ということがライフスペースの図からもわかりました。でも、自分と家族が重なっているのを見ると、子どももだんだん大きくなるわけだから、自立も必要ですよね。だから、これから先は少しずつ、離れた○になっていくほうがいいのかな、と感じました。

ワーク

レッスン16で書き出したさまざまな声のうち、あなたのやりたいことや行きたい方向性を邪魔する声は、どんな声ですか？　それに対して、あなたの声は、どう反論しますか？

_____

_____

_____

_____

世間からの声かな。「成人していっぱしにできると思っているようだが、まだまだだね」というような。「ゆとり世代」だとか、「いまどきの若い人」は、とか。そういう声を聞くと、弱気になります。

私も、世間からの声です。女性だから、妻だから、母だから、こうするべきでしょ、っていう。

 一般に、文化の声、住んでいる社会からの規制や叱責が、意外と大きな声になることが多いようですね。そのような声に対して、どう反論しますか？ 反論するのは、あなたの声ですよ。

「失敗は成功のもとだから、世間の声は気にしないで大丈夫」と言っています。

私は、「ちゃんと家族を守っています。そして、守りながら、夢を叶えたい」と言っています。

ワーク

あなたが見つけた標識をもとに、あなたの未来を予言してみましょう。

_____

_____

_____

_____

_____

_____

未来の私は、尊敬できる指導者や、大事な仲間に出会い、その人たちと力を合わせて、困っている人を守ったり、課題を解決して役にたつサポートをします。足を引っ張る人や、意地悪な人とも出会いますが、その悔しさをバネにして、もっともっと私は成長します。

楽しいこと、やりたいことを、仲間と一緒に実現している未来です。自分を圧倒するような、わからないことに出くわすことがあっても、失敗は成功のもとなので、臆せず工夫して課題を解決します。仲間とともにすごいものを作り、評価されます。

すばらしい自己予言ができましたね。自己予言を完結させることが人生だ、といっても良いでしょう。二人がここで予言したことが、実現していくという人生シナリオですね。

本当に、そうなると良いな！

二人の予言を私はしっかりと聞きましたよ。私が、二人の自己予言の証人です。このシナリオに基づいて、ステップ4では、アクションプランを練っていきましょう。

ステップ1

ステップ2

ステップ3

ステップ4

今週気づいたことや、疑問に思うことを書き出しておきましょう。

---

 column ライフデザインの5つの要素

　20世紀の働く世界は、終身雇用で安定していました。就職したときには、入社5年目、10年目、20年目というロールモデルが存在していて、新入社員の将来はある程度想像することができました。ところが、21世紀は、第四次産業革命が進行しています。産業構造が変化して働く世界は大きく変化すると思われます。このような変動する21世紀に、必要とされるのが自分の人生をデザインすることです。

　本書の基礎になっているライフデザインカウンセリングを提唱したマーク・サビカス博士は、ライフデザインをするために、必要な要素を5つあげています。それは、①主人公を設定する、②ストーリーを展開する、③舞台を設定する、④リソースを発

見する、⑤人生の台本を自ら書き表す、です。

　ステップ1からステップ3までかけて、ワークを通じて皆さんは、①から⑤まで進めてきました。花さん、光くんのように、皆さんもが自分の未来のストーリーを書き表せたかと思います。まだ、うまく書けていないと思う人は、もう一度初日からワークに再挑戦することができます。コーチが必要と思う人は、友人や専門家に相談してもいいでしょう。

column　自己予言は人生のGPS

　人間の脳は騙されやすくできています。たとえば光くんは「仲間とともにすごいものを作り、評価されます」と自己予言をしていますが、言い切ることで、脳に「すごいものを作って、評価されている」とプログラムされます。カーナビで目的地を設定するように、脳に未来がインプットされるのです。まるで、自己予言は人生のGPSのようですね。

　人によっては、安定していて安全な仕事を見つけることが幸せだと思っているかもしれません。しかし、現代は不確定で流動的です。今ある仕事も、未来にはなくなっている可能性もあります。そんな中で、人生の意味のインプットは確実にある一定方向に向かっていて、一番安定していると言えるでしょう。

　ただし、ここで言う自己予言は、何か特定の限られた目標に絞ることではありません。むしろ、開かれた目標に向かいます。たとえば、サビカス博士は、講義の中で「消防士になりたかった青年」の例を話してくれました。その青年は、事情があって、どうしてもなりたかった消防士の夢を諦めざるをえませんでした。しかし、彼の人生の意味は「ヒーローになること」でした。ライフポートレートを書いた後、ヒーローは、決して消防士だけではないと気づき、開かれた目標になりました。彼は結局、ホームレス支援のボランティアになり、真の意味でヒーローになったそうです。

先生からのメッセージ

スマートフォンやタブレットで読み取ってください。

ステップ4 一歩踏み出す計画を立てる

> ステップ4では、ステップ3で書いた「自己予言」の実現に向けて、一歩踏み出すためのワークを進めていきます。

> 「実現したらいいな」と思うことを書きましたが、本当にそれが現実になるかは、自信がありません。

> それに、計画を立てるには、もう少し具体的な内容にすることが必要だと思います。

●例：花さんの自己予言

　未来の私は、尊敬できる指導者や、大事な仲間に出会い、その人たちと力を合わせて、困っている人を守ったり、課題を解決して役にたつサポートをします。足を引っ張る人や、意地悪な人とも出会いますが、その悔しさをバネにして、もっともっと私は成長します。

●例：光くんの自己予言

　楽しいこと、やりたいことを、仲間と一緒に実現している未来です。自分を圧倒するような、わからないことに出くわすことがあっても、失敗は成功のもとなので、臆せず工夫して課題を解決します。仲間とともにすごいものを作り、評価されます。

花さんの考える「役に立つ」とは、「何を」して「誰の」役に立つのか、そして「成長する」とは具体的にどういうことなのかが、もっとハッキリすると良いですね。

そうですね。役に立つといっても幅広いので。そこがハッキリすれば、計画が立てられるかもしれません。

僕の場合、やりたいことは大まかにわかっています。ただ、どう優先順位をつけて、どのタイミングで実行に移すかは、まだ曖昧です。

ではワークを通して、ステップ4の最後には、一歩を踏み出すための具体的なアクションプランを立てられるよう、進めていきましょう。

レッスン 22　あなたがやりたいことは何ですか?

　まず、ステップ3のレッスン21（124ページ）で予言した自分の未来をもう一度読み返してください。自己予言を意識した上で、あなたが人生でやりたいことのリストを作っていきます。やりたいことをリストアップしやすいように、準備として、最初にやりたいことの分類（カテゴリ）を考えましょう。

> **ワーク**
>
> **あなたがやりたいことについて考える時、どんな分類があると考えやすいですか？　4〜5個のカテゴリを作ってみましょう。**

●例：花さんの場合	●例：光くんの場合
1.　家族	1.　仲間
2.　仕事	2.　仕事
3.　暮らし	3.　プライベート
4.　勉強	4.　その他
5.　その他	

・_____

・_____

・_____

・_____

・_____

・_____

> **ワーク**
>
> カテゴリごとに、あなたが一生のうちにやりたいことをリストアップしてみましょう。その「やりたいこと」が実際に実現できる可能性の高低は考慮しなくてけっこうです。やりたいことを具体的に、思いつくかぎり挙げてみましょう。先に作ったカテゴリを変更したり、増やしたりしてもかまいません。

●例：花さんの場合

●カテゴリ〔家族〕

・家族で海の見える露天風呂付きの温泉に2泊する

・子どもたちの成人式に家族写真を撮る

・子どもたちの結婚式で花束をもらって涙ぐむ

・夫が定年になったら二人でヨーロッパ周遊旅行に行く

・銀婚式に夫と○○ホテルのレストランで夜景を見ながらディナーを食べる

・子どもたちが成人したら、一緒に居酒屋に行ってビールを飲む

・両親の金婚式のお祝いに、二人を招待して△△レストランで食事会をする

・子どもの大学の入学式に和服を着て参列する

・夫と、お互いの仕事の話をしながら晩酌する

・自分がもらったボーナスで家族にプレゼントする

〔略〕

●カテゴリ〔仕事〕

・正社員になる

・職場で、自分のデスクに家族の写真を飾る

・月収●●万稼げるようになる

・ボーナスをもらう

・上司から仕事ぶりを褒められる

・職場で信頼できる友人を5人作る

・お客様から感謝の手紙（メール）をもらう

・尊敬できる上司のもとで仕事をする

・上司に指導してもらってワンランク上の仕事ができるようになる

・任された仕事を成功させて、皆の役に立つ

・自分のアイデアが採用されて形になる

・後輩から慕われ、相談に乗る

・夏に軽井沢で1週間、ワーケーションをする

・パソコンをバリバリ使いこなせるようになる

・仕事終わりに同僚と美味しいクラフトビールの店で乾杯をする

（略）

● **カテゴリ〔暮らし〕**

・保護センターから譲り受けて猫を飼う

・リビングのテーブルをひと回り大きいのに買い換える

・ルンバを買う

・食洗機を買う

・断捨離する

・いらなくなった衣類を寄付する

・子どもの読まなくなった本を寄付する

・子どものいらなくなったおもちゃを寄付する

・夫の定年までに■■万円貯金する

（略）

● **カテゴリ〔勉強〕**

・仕事に必要な資格試験に合格する（できれば国家資格）

・パソコンの資格を取る

・仕事に必要な勉強ができるオンラインコースを修了する

（略）

● **カテゴリ〔その他〕**

・ピアノを習って大人っぽいジャズを弾けるようになる

・3キロ痩せる

・水泳を習って 2 キロ泳げるようになる

・エジプトに行ってピラミッドの前で写真を撮る

（略）

●**例：光くんの場合**

●**カテゴリ〔仲間〕**

・友達と富士山に登る

・仲間と一緒にダイビングのライセンスを取って、綺麗な海に潜る

・南十字星が見えるキャンプ場で焚き火をしながら仲間と飲む

・友達とナパバレーに行って、ワインのテイスティングをする

・船舶免許を取って、仲間と船上パーティーをやる

・ナイヤガラの滝の前で写真を撮る

・修学旅行で行った京都にもう一回、学生時代の仲間とゆっくり旅する

（略）

●**カテゴリ〔仕事〕**

・今担当している製品が会社に評価される

・企画部門の人たちと仲間になって一緒に仕事をする

・自分の興味がある製品を担当する

・チームリーダーになって、メンバーが居心地良い雰囲気を作る

・成果を出して認められ、昇格する

・年収▲▲万円

・部下から頼りにされ尊敬される存在になる

・学会に参加して新しい技術を学ぶ

・海外の工場に出張する

・自分が開発した製品が世の中に出て、人の役に立つ

（略）

● **カテゴリ〔プライベート〕**

・東京マラソンに出て完走する

・週1でジムに通って筋トレする

・バイクを買う

・もうちょっと景色が良くて、広い部屋に引っ越す

・彼女とユニバーサルスタジオに行く

・彼女とスキーに行く

・ハワイで結婚式を挙げて、幸せな家庭を持つ

・一戸建ての家を買う

（略）

● **カテゴリ〔その他〕**

・親が喜ぶようなプレゼントをする

・親に心配かけないよう、健康でいる

（略）

● **あなたの場合**

● **カテゴリ〔　　　　　〕**

・

・

・

・

・

・

● **カテゴリ〔　　　　　〕**

・

・

- ・
- ・
- ・
- ・

●**カテゴリ**〔　　　　〕

- ・
- ・
- ・
- ・
- ・
- ・

●**カテゴリ**〔　　　　〕

- ・
- ・
- ・
- ・
- ・

●**カテゴリ**〔　　　　〕

- ・
- ・
- ・
- ・
- ・
- ・

リストアップしてみて、気づいたこと、感じたことを書きましょう。

花さん、光くんは、「やりたいことリスト」を作って、どうでした？

なんだかワクワクしてきました。

そうですね、自己予言した未来が、もっと詳細になってきました。

何か気づいたことはありましたか？

私、仕事をして、誰かの役に立ちたいという思いがあると同時に、家族にも、もうワンランク上の暮らしをさせてあげたい、という気持ちがあると気づきました。それから、働くことを実現するために、家事を効率化させようとして、便利な家電がほしいと思っているみたいです（笑）。ただ、指導者や仲間と出会う、と書きましたけど、それは自分だけの努力では難しいかな、とも思いました。偶然、そんな出会いがあれば良いのですけど。

僕の場合、特に仕事というカテゴリには、具体的に書けました。現実味を帯びてきた感じがします。この通り、やっていけたら、本当に満足だし、そこがうまくいけば、友達と楽しいことをする夢は、叶えることができるかもしれません。だけど、学会に行くとか、昇格するとか書きましたが、選んでもらえるかどうかは運次第、という部分もある気がします。

二人とも、リストに書いたことを実現するには、偶然や運がないと難しいと感じているんですね。
実は、偶然や運につながるチャンスというのは、何回も訪れているのに、それに気がつかなかったり、どうしようか考えているうちに、通り過ぎてしまったりすることが多いんですよ。次のレッスンでは、どうやって偶然や運を敏感にキャッチして、チャンスを逃さないようにすることができるか、考えていきましょう。

23 偶然や運をキャッチしていますか？

　アメリカのキャリア学者、クランボルツ博士は、幸運を引き寄せるために重要な5つのヒントを次のように挙げています。

1.　好奇心を持つこと
2.　粘り強く努力を続けること
3.　変化に柔軟に対応すること
4.　きっとうまくいく、とポジティブに考えること
5.　失敗を恐れず行動すること

　計画は、いつもその通り進むとはかぎりません。思いがけないことが起きたり、当然起こるはずと思っていたことが起きないこともあります。コロナウィルスという思いがけない壁に阻まれて、計画が狂ってしまった方も多いと思います。しかし、運と偶然は、何度もあなたの周りにやってきます。それを敏感にキャッチし、上記の5つをヒントにして、幸運を活かしましょう。

> **ワーク**
>
> **これまでの人生の中でも、運と偶然はあなたの周りにやってきたはずです。それをキャッチして幸運に活かした経験を振り返ってみましょう。「あの時、運よくピンチから脱した」「困った状況だったけれど、偶然乗り切れた」という出来事を思い出してみましょう。どんな出来事でしたか？　書き出してみてください。**

_____

_____

_____

> **ワーク**
>
> あなたがその「運」や「偶然」をキャッチし活かすために、どんなこと
> をしたでしょうか？　書き出してみてください。

_____

_____

_____

私の偶然は、希望していなかったオフィスワークに配属されたけど、3年
たって、好きな販売に異動できたことです。

なるほど。その偶然に出会うために花さんがしたことは何ですか？

私、何かしたかな？　そうですねぇー。あまり好きではなかったオフィス
ワークですが、それでも、最低限、やるべきことは辛抱強く続けました
ね。オフィスワークの中でも、ときどき、人と接する仕事があったんです。
来客対応とか、会議資料を準備するために他部署の人と関わるとか。そう
いう仕事は、忙しくても、自分から買って出ていました。それを当時の上司
は見ていてくれたと思います。定期面談の時には、実はオフィスワークより
も販売の仕事のほうに興味があるということは、相談していました。

やるべきことを辛抱強く続けた。その上で、忙しくても人と接する仕事を積
極的に買って出ていた。上司に気持ちも伝えていた。では、花さん、もし
それをしていなかったら、どうなっていたと思いますか？

おそらく、上司が販売の部署に引っ張ってくれることは、なかったでしょ
うね。そうか、私が引き寄せたんですね。

その通り。先に紹介した5つのヒントで言えば、「2. 粘り強く努力を続けること」もしていたし、上司に希望を何度も伝えるのは、「5. 失敗を恐れず行動すること」ですよね。光くんは、どうですか？

僕は、本当は大学に行く予定ではなかったんです。学費もかかるし、親に迷惑かけたくなかったので。でも本心では進学したい思いもありました。ある日、本当だったら行きたいと思っていた大学の教授の講演会があったんです。アルバイトをキャンセルして聞きに行きました。興味深い話で、質問をしたくなったんです。普段、僕はあまりそういうことはしないんですが、講演の後、教授に声をかけて、質問しました。話しているうちに、「一度、研究室に見学に来ないか」と声をかけてもらえて、思い切って行きました。そこから奨学金があるという情報を得られ、親にも相談して、結局、進学することになりました。受験勉強はかなりハードでしたけど、乗り切れました。

光くんは、予定を変更して講演を聞きに行き、教授に声をかけた。研究室に見学に行き、奨学金の情報を得た。親に相談した。ハードな受験勉強を頑張った。もし、それをしなかったら、どうなっていましたか？

今の自分はないと思います。

ほら、ただの偶然でなく、自分で引き寄せましたよね？　講演を聞いたり、教授に質問したのは「1. 好奇心を持つこと」だったでしょうし、受験勉強は「2. 粘り強く努力を続けること」ですね。

そう言われてみたら、ポジティブにも考えていたし、受験に落ちることを恐れず願書を出しましたね。だから、「4. きっとうまくいく、とポジティブに考えること」と「5. 失敗を恐れず行動すること」もあったと思います。

「棚からぼた餅」と言いますが、ぼた餅を得るには、自分から棚の下に行くことです。そして、「ぼた餅がほしい」と周囲に発信する、話が来たら乗ってみる、動いてみることです。二人とも、こうして偶然や運をキャッチしていたと思いますよ。

ワーク

あなたが次に、あなたが望む「運」や「偶然」を活かすためには、5つのうち、どのヒントを活かして、どんなことをしたら（あるいは続けたら）良いでしょう？　アイディアを書き出してみてください。

1. 好奇心を持つこと
2. 粘り強く努力を続けること
3. 変化に柔軟に対応すること
4. きっとうまくいく、とポジティブに考えること
5. 失敗を恐れず行動すること

仕事の面では、「2. 粘り強く努力を続けること」ですね。とにかく今与えられていることをしっかりやって、評価を得ることだと思います。プライベートの方で運を引き寄せるにはどうすれば良いかなぁ？

どんなことができそうですか？

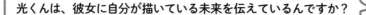光くんは、彼女に自分が描いている未来を伝えているんですか？

いやー、ハッキリとは、まだ。

こういう未来を作りたい、と伝えるだけでも大きな一歩かもしれませんね。「やりたいことリスト」を彼女に見せてみたら？

ちょっと照れくさいですね。

夢を共有するって、とても大事なことだと思います。男の人は、なかなか口に出してくれないので、考えを伝えてくれたらなぁと思います。

花さんにも、同じことが言えますよ。「人の役に立つ仕事がしたい」「いつかフルタイムで働きたい」という情報を、周囲に発信してみるのはどうですか？

ああ、そうですね。まず夫や子どもたちに言ってみようかな。

光くんの彼女や花さんの家族の話が出ましたね。二人の人生の、重要な登場人物ですね。自己予言を現実のものにするためには、自分にとって重要な人や環境との調整も大事になってきます。次のレッスンで一緒に考えていきましょう。

自己予言を現実のものにするために考えておきたいのが、周囲の環境と折り合いをつけることです。たとえば家族や会社との調整や、健康面、経済面を考慮しなければ、実現が難しいこともありますね。

はい。仕事をしたくても、家族の協力がないと無理ですね。それに、子育てしている女性に理解のある職場でないと、やりにくいだろうと思います。働くために資格を取りたいと思っているのですが、その資金をどこから出すかも、要調整です。

僕も同じです。「興味がある製品を担当したい」と書きましたが、それが会社の方向性と一致していなければ、当然無理です。それに、会社の開発費の予算だってあるし、いくらやりたいと言っても状況によっては難しいと思います。プライベートでも、やりたいことや行きたい場所をいろいろ書きましたが、そんなに仕事を休めるかと言われたら、無理です。結婚も、相手あってのことですしね。

いろいろと周囲と調整する必要がありますね。でもそれは、当たり前のことで、調整がきちんとできるということが、キャリアの成功や幸せな人生の実現につながっていきます。レッスン24では、どのように周囲の環境と折り合いをつけるのか、また、やりたいことを実現するために、手を貸してくれたり、励ましてくれたり、アドバイスをくれるのは誰かを考えていきましょう。

あなたが自己予言した未来に向けて、どのような調整が必要ですか？書き出してみましょう。

・家族や親しい人との調整で必要なことは、

_____

・会社や組織との調整で必要なことは、

_____

・経済的な面で調整が必要なことは、

_____

・健康面で調整が必要なことは、

_____

・その他に調整が必要なことは、

_____

●例：花さんの場合

　・仕事をしようと思っているが、家族の理解と協力が必要

　・職場には、子育てを理解してもらうことが必要

　・資格を取るための資金が必要

●例：光くんの場合

　・自分が興味のある製品と、会社の方向性の調整

　・会社自体が利益を上げて、製品開発の予算が取れないといけない

　・長期休暇を取るには職場との調整が必要

　・プライベートでは彼女との調整が必要

「こうありたいと思う自分」と、「社会から評価・期待されている自分」は、いつも一致しているとはかぎりませんね。

はい。僕は現在、「上司や先輩が担当する製品の開発がスムーズに進むのをサポートすること」を期待されています。自分が作りたい製品とは、微妙に違うけれど。僕の学生時代の友達を見回しても、期待されているのと、やりたいことが100%一致しているという人は、いないんじゃないかな。

そうですね。だから調整が必要なのです。ギャップがある場合は、交渉したり、自分を向上させたりして一致点を探していく作業が必要です。いったん一致点が見つかったとしても、一生の中で、自分も変化するし、社会も変化します。ですから、この調整作業は、ずっと継続することになります。

私は、正社員になりたいと書きましたが、やはり子どもたちが小学校を卒業してからかな、と思っています。期待されているのは、今のところは、「家庭に軸足を置くこと」だと思うし、自分もそこは焦らないでもいいって思っています。だから、少し待つ、という調整になりそうです。待っている間に勉強して、資格を取るという準備が要るかな。

準備をしておくことはできそうですね。僕の場合は、市場や会社の方向性をよく見て、しかも自分の興味と一致する製品を見極めていく、という準備になりますね。ただ、一人では難しいので、誰か味方になってくれる人が必要です。

味方になってくれる人、協力してくれる人の存在は重要です。二人がどんなサポートチームを持っているか、あるいはこれから必要になるか、書き出してみましょう。

あなたの描く未来を実現するための「サポートチーム」を作りましょう。未来に必要になるであろうサポートや、公的な機関なども含めて書き出してみましょう。

1. あなたに共感したり、励ましたりしてくれるサポーターは？（情緒的サポート）

●光くんの場合　母、高校時代の親友、彼女（未来のパートナー？）

●花さんの場合　夫、実家の両親、中学時代の仲良し3人組、大きくなったら子どもも？

●**あなたの場合**

_____

_____

2. あなたに物理的に手を貸してくれたり、経済的な援助をしてくれるサポーターは？（道具的サポート）

●光くんの場合　同じ部署の同期、直属の上司

●花さんの場合　今：夫、義理の妹、いつもお世話になっている鍼灸院の先生

　　　　　　　　未来：資格の勉強を始めたらその学校の先生？　働き始めたら職場の先輩？

●**あなたの場合**

_____

_____

3. 問題の解決に必要なアドバイスや情報を提供してくれるサポーターは？（情報的サポート）

●光くんの場合　大学の恩師、直属の上司、インターネット、YouTube

●花さんの場合　子どもの担任の先生、仲良しのママ友、まだ行ったことはないけど地域の女性センターやハローワーク？

●**あなたの場合**

_____

_____

_____

4. あなたを褒めたり、認めてくれ、ポジティブに評価してくれるサポーターは？（肯定的な評価の提供）

●光くんの場合　仲間、彼女、直属の上司、母

●花さんの場合　ママ友、学生時代の友人、子どもたちかな？　未来のお客様、夫、未来の上司？

●**あなたの場合**

_____

_____

_____

光くんは、社内では同期と上司だけしか書いていませんが、同じ部署の仲間や先輩社員も、サポーターに入れて良いのではないですか？

あっ、そうですね。それに、別の製品担当の人や、企画部門の人も、もっと巻き込めるかもしれません。他部署にも同期がいるので、連絡を取り合ってみようかな。在宅勤務が増えて、会社ではなかなか顔を合わすチャンスがないので。ネットワークづくりも大事だと気づきました。

花さんは、未来のサポーターとして職場の仲間や上司も書き込んでいますね。

はい。子育てしながら働く自分を理解してもらえるよう、働きかけていく必要があると思って書きました。

私たちは、誰かに「サポートしてもらう存在」であると同時に、「誰かをサポートする存在」でもあります。花さんの強みを活かして、職場で仲間や上司の役に立つことはきっとできるでしょう。その上で、花さんが何をサポートしてほしいのかを周囲に伝え、サポートしてもらったら感謝の気持ちを伝える。こうすることで、周囲との信頼関係を作っていくことができるでしょう。

25 未来の自分と対話しましょう。

ここまでワークを進めてきて、かなり自己予言した内容が具体的に肉付けされてきたと思います。そして、それを実現するために必要な調整やサポートについても考えることができました。このレッスンでは、さらにリアリティを持って未来を描くために、タイムマシンに乗って、5年後に行ってみましょう。そして、未来の自分と対話してみましょう。

5年後ですか！　そうすると、子どもたちは中1と中3ですね。ああ、もうそんなに大きいんだ。私は45歳になっていますね。どうなっているだろう？

僕は、30歳、入社8年です。8年目の先輩がいますが、もう結婚していて、プロジェクトのリーダーとして中核を担っています。何でも知っていて、頼りになる存在です。5年後は、自分もその年になっているのかぁ。

想像力を膨らませて、5年後の自分に会ってみましょう。

ワーク

今は、5年後の未来です。あなたは、あなた自身がなりたい自分になっています。久しぶりの同窓会で旧友たちに向かって、どんな近況報告をするか、書き出してください。

_____

_____

_____

_____

_____

●例：花さんの場合

　こんにちは、お久しぶりです！　今年、下の子が中学生になったのを機に、不登校の子どもたちをサポートするNPOで、正職員として働き始めました。子どもが幼稚園の頃仲良しだったお友達が、小学校の時、学校に来れなくなったのを見ていて、何か手助けができないかな、と考えていました。それで、最初の1年はボランティアだったんですが、2年目からは週3回、パートとして働いてきました。子育ての経験も役に立つし、お母さんたちの悩みを聞いたり、励ましたりする仕事は私にとても合っていると思っています。忙しいけど、やりがいがある毎日です。夫とは時々、仕事の話をしながら晩酌しています。

> 花さん、かなり具体的に書けましたね！　不登校支援のNPOの正職員になっているんですね。

> この3週間、ずっと、やりたいことを考えてきましたけど、ぼんやりしていた夢が、かなり具体的になりました。実は、上の子が仲良しだったお友達が、学校に来れなくなってしまった、というのは、本当なんです。ママさんともときどき話すのですが、大変そうです。でも、私は、何もすることができなくて。そういう人たちをサポートできたらな、という気持ちが湧いてきて、こういう5年後になりました。

●例：光くんの場合

　どうも、久しぶり。今年結構忙しかったんですが、やっとプロジェクトが終わったので、休みを取って、ずっと挑戦したかった富士山に登ってきました。すごく良い景色でした。それから、実は、来年、結婚します！　ハワイで式を挙げて、母も招待するつもりです。

親孝行できそうで良かったです。仕事のほうは順調です。去年担当した製品を上司に評価してもらえて、会社から予算も下りることになりました。来期は、自分がやりたかったプロジェクトに入れそうです。皆の役に立つ製品開発につなげたいです。

光くんの5年後、ずいぶん充実していますね。

ははは。調子に乗って書きました。仕事もプライベートも充実した、こんな5年後にしたいですね。

ワーク

5年後のあなたは、今のあなたに、どんなアドバイスをくれますか？ 5年後の自分になりきった気持ちで、今のあなたへのメッセージを書いてみましょう。

_____

_____

_____

_____

●例：花さんの場合

　子育て頑張っていますね。自分がやりたいことができない、とモヤモヤしているかもしれませんが、大丈夫。この「子育て」が、未来にすごく役立ちます。同じようにモヤモヤしているお母さんたちの気持ちに共感して寄り添えるのは、今の経験があってこそですよ。

　子どもたちは1年1年、成長します。もう中学生で、しっかりしたものです。土日に仕事に出かけても、ちゃんと留守番してくれるし、ママよりも友達といる時間のほうが長

くなっていきます。5年後は、心配しないで仕事に打ち込めますよ。

　働いていた頃の、あのやりがいを、また感じることができるから、焦らず一歩一歩、進んでいってください。夫も味方ですよ！

●例：光くんの場合

　良くやってるな！　先輩の担当製品のサポートでも、与えられた仕事を、精一杯頑張っていると思うよ。エライぞ！　今やってる仕事で身につけたことは、5年後にもしっかり役立っているよ。下積みも大事だよ。だから、焦らなくていいんじゃない？　先輩からじっくり学ぼう。なんでも教えてもらえるのは、3年目までだよ。大事に育ててもらって、感謝しなきゃね。プライベートで、あれもやりたい、これもやりたい、はわかるけど、少し整理して優先順位をつけたらどうかな？　お金も時間も有限だからね。人生長いから、一度にやろうとしないで良いんじゃないの。彼女とお母さんを大事にしろよ！

自分からのメッセージをあらためて読んでみて、どうですか？

なんだか、笑っちゃいました。当たり前のことですけど、5年経てば、子どもは5歳、成長するんですよね。わかっているはずなのに、いつまでも、今の大変な時期が続くような気がしてしまっていました。5年後の花が言う通り、中学生になって、友達との時間が大事になって、自立していくときが必ず来る。その時に、自分がやりたい仕事に集中できるよう、今から準備が大事ですね。

どうしても、今大変なことにフォーカスしてしまいがちですが、5年先、10年先を長期的に見てみることで、気づくこともありますね。光くんはどうでしたか？

未来の自分に、褒められました（笑）。そうですね、自分はけっこうまじめに、頑張っている。実はけっこう自分に厳しいところもあって、まだまだだ、と自分を叱咤激励している部分もあったと思います。自分を認めてあげないとね、と思いました。

「自分はこれでいいんだ」と認めてあげる感覚のことを、自己肯定感と言います。光くんは、もっと自己肯定感を高く持ったほうが良いかもしれませんね。これが低い人はストレスをためやすいんですよ。自分はまだダメだ、もっと頑張らないとダメだ、と追い詰めてしまうことになります。

そうですね。小さい頃、父親に否定されて育った経験から、自己肯定感が低い自分がいるのかもしません。少し、高めるようにしてみます。未来の自分のために。

ワーク

ステップ1で書き出したロールモデル（幼い頃、大好きだった人）なら、描く未来に向かって進んでいくあなたに、どんなメッセージをくれるでしょうか？　想像して書いてみましょう。

● 例：花さんの場合

ナウシカからのメッセージ：

学校に行ってる子も、行っていない子も、皆、平等。それぞれ、一生懸命に生きています。分け隔てせず、差別せず、困っている人がいるなら、親切にしよう。花さんがNPOでやりたいと思っていること、とても大事だと思う。勇気を出して、やってみよう。応援しています！

●例：光くんの場合

アナキンからのメッセージ：

　すごいものを作って、一番になって、みんなを驚かせよう。それは、皆の役に立ち、平和な世界を実現できるにちがいないよ。君にしかできないことだよ。大丈夫、同じ志を持つ仲間がいるから、道は険しくても、きっとできるよ。それに、君には才能がある！　信じて進もう。

５年先の自分に出会うと、いろいろなことに気がつきますね。特に、未来が具体的に描けると、現在すべきことが何かが明確になります。つまり、現在何をするかは、未来によって決まります。

そうか！　未来が見えていなかったから、今、何をしていいかわからなかったんですね。

いいことに気がつきましたね。未来を持つことは、いかに大切か理解していただけたと思います。

けっこうすごい未来を描いてしまったので（笑）、未来の自分は、自分が今持っていないスキルや能力をたくさん持っています。

私も、NPOで働くのに、今は持っていない知識を持っていたり、資格を持っていたりしていると思います。

そうですね。５年後の光くん、花さんは、今よりも、もっと知識やスキル、能力を持っている自分になっていますよね。では、次のレッスンでは、能力開発について、一緒に考えていきましょう。

レッスン

26

将来のあなたに必要な
知識・スキルは何でしょうか。

レッスン25で出会った5年後の自分に成長するために、レッスン26では、将来どんな知識・スキルが必要になるかを検討していきましょう。世の中はどんどん変わっていきますし、技術も進歩します。現状維持でいい、と思ってそこに止まることは、結局、下りのエスカレーターに乗っているのと同じ、という人もいます。現在すでに持っている知識やスキルなどに付け加えて、これからどんな知識やスキルが必要になるか考えてみましょう。

> 二人とも、今すでに、持っている知識やスキルがあるはずです。それを確認することを、「棚卸（たなおろし）」と言います。

> 販売の仕事をしていた時、毎月、商品の棚卸をしていましたよ。

> それと同じです。花さんがこれまでの仕事や家事育児の経験を通して身につけた知識やスキルに、どんなものがあるのかを、点検するのです。職場や職種が変わったとしても、通用するスキルを「ポータブルスキル」と言います。つまり、他でも通用する、持ち出し可能な能力です。棚の上に、意外にどんなことにも使えるポータブルスキルが乗っているかもしれませんよ。

> 就職前のアルバイトや、サークル活動などで得た知識やスキルも、書いて良いのですか？

> もちろんです！　どこにポータブルスキルがあるかわかりませんよね。

ステップ1

ステップ2

ステップ3

ステップ4

> **ワーク**
>
> **これまでの経験から、あなたが身につけた知識やスキルを、最低3つ書き出しましょう。**

1. _____

2. _____

3. _____

_____

_____

● **例：花さんの場合**

- 事務職の経験から：ワード、エクセルの基本操作やタイピング
- 子育て経験から：忍耐力がついた、子どもの成長に関する知識、寛容になった
- 販売の経験（接客スキル）：お客様のニーズを聞き出す、わかりやすく商品説明ができる、クレーム処理

花さん、子育て経験から、知識とスキルをしっかり身につけていることに気づいたようですね。職業経験ではないけれど、どれも、確かなポータブルスキルですよ。

そう言われたら、嬉しいです！

子育てに必要なのは、意思決定ですよね？　いつ医者に連れて行くか、学校を休ませたほうが良いのか、土日は休日診療を探すのか、何度も判断に迫られたのではありませんか？

ああ、そうですねぇ。

意思決定の能力も高まったということですね。これもどんな職場でも必要なポータブルスキルですよ。

●例：光くんの場合

- ・アルバイト経験から：人と接し、良い関係性を作り、コミュニケーションするスキル
- ・仕事の経験から：どこに情報があるか、誰に聞いたらいいかがわかる能力
- ・仕事の経験から：決められた納期に間に合うようスケジュールを立てるスキル

光くんは、大学の授業では教えられていない重要なスキルを、アルバイトや仕事を通して身につけたんですね。

たしかに、大学では教わっていないですね。棚卸してみて気づきました。

一般的に、仕事をする上で必要な能力にはどのようなものがあるんですか？

Google のランキングだと、身につけたい能力のトップ5は、順に、交渉能力、行動力・バイタリティ、発想力・独創力、対人コミュニケーション、語学力になっています。

僕は、自分が開発した製品を会社に認めてもらうための交渉力がほしいですね。そして、世の中に役立つ技術を見つけるためには、独創力と発想力も必要です。

私は、NPOで不登校支援をやりたいのですが、今持っているスキルや知識に加えて、どんなものが必要でしょうか？

不登校の子どもたちや保護者と信頼関係を築くのに、対人コミュニケーション力は、重要です。これは、花さん、すでに持っていますよね。他には専門的な知識や能力となると、心理学やカウンセリングについて、ある程度知っておく必要がありますね。

そうなんですね！　資格もいるのではないですか？

特別教育支援士とか、公認心理師とか、さまざまなカウンセリング関係の資格があります。リカレント教育といって、学校を卒業して社会に出た後に、学び直すことの重要性が高まっています。海外では、しばらく働いた後、新しい技術や資格を得るために、学校に戻って勉強する人がかなりいます。社会変化が激しいのと、技術がどんどん新しいものになるので、学び直す必要性が増しています。国も新しい技術や資格の獲得に支援をしていますよ。無料で学べる職業訓練（ハロートレーニング）も種類が豊富です。

無料で学べる講座もあるんですね、調べてみます！

発想力や独創力を得るは、勉強のしかたがあるのでしょうか？

身近に、見習いたいような、発想力・独創力を持った人はいませんか？そういう人と話してみるのも１つですね。発想力・独創力を持っていても、実行に移せない人もいます。実行するには、失敗を恐れない気持ちが大切です。そこは、光くんの強みでしたね。

> **ワーク**
>
> **あなたがこれから身につけたい知識・スキル、能力を3つ挙げてください。**

- **例：花さんの場合**　児童心理学の知識、カウンセリングのスキル、交渉能力
- **例：光くんの場合**　交渉力、独創力、技術の話ができる英語力

- _____

- _____

- _____

> **ワーク**
>
> **ここまで考えてきたことを整理するために、表にまとめておきましょう。**

1. 「現在すでに持っている強みや能力」の欄に、棚卸で書いた知識やスキルを表に書き込みましょう。
2. 右側の欄「これから開発するもの」の欄に、身につけたい知識・スキル、能力を書き込みましょう。
3. 「現在すでに持っている強みや能力」の欄に、ステップ3のレッスン18（107ページ）で書いた、あなたの強みを表に書き足しましょう。

現在すでに持っている強みや能力	これから開発するもの
·	·
·	·
·	·
·	·
·	·
·	·
·	·

●例：花さんの場合

現在すでに持っている強みや能力	これから開発するもの
・思いやりがある	・心理学の知識
・親切	・カウンセリングのスキル
・コミュニケーションが得意	・交渉能力
・他者のために頑張れる	・パソコンスキル
・ワード、エクセルの基本操作やタイピング	
・忍耐力	
・子どもの成長に関する知識	
・寛容さ	
・意思決定	
・ニーズを聞き出す能力	
・分かりやすく商品説明をする能力	
・クレーム処理のスキル	

●例：光くんの場合

現在すでに持っている強みや能力	これから開発するもの
・好奇心	・交渉力
・社会性	・独創力
・仲間と協同できる	・技術の話ができる英語力
・新しいことに興味がある	
・失敗してもポジティブに捉える	
・人と接し、良い関係性を作り、コミュニケーションするスキル	
・仕事の経験から：どこに情報があるか、誰に聞いたらいいかがわかる能力	
・仕事の経験から：決められた納期に間に合うようスケジュールを立てるスキル	

エンプロイアビリティ

　エンプロイアビリティを直訳すると、「雇われうる能力」となります。つまり、「この人材がほしい」「辞めずに、ずっとうちの会社にいてほしい」と思ってもらえる能力です。ただし、いくら専門的な知識やスキルを持っていたとしても、それだけではエンプロイアビリティがあるとはいえません。

　会社が雇いたい人は、目的意識があって、計画することができて、主体的に働ける人です。厚生労働省は、21世紀の働く人はこのエンプロイアビリティを生涯にわたって維持するようにと言っています。エンプロイアビリティの定義には、自分がどの仕事に向くかの発見、自立的にキャリア形成をする能力が含まれます。21世紀は不確定な時代だということです。エンプロイアビリティを維持するだけでなく、生涯に渡り向上していく必要があります。エンプロイアビリティには、次の5つの項目があります。

　①目的意識を持って仕事に取り組んでいる。
　②目的を達成するために仕事の計画を立てることができる。
　③計画に沿って実際に行動に移すことができる。
　④言われて動くのでなく主体的に働くことができる。
　⑤現状維持でなく、改善・改革を進めることができる。

　これらの5つの項目は、セルフリーダーシップともいいます。自分自身に影響を与える認知や行動の目標を持つことで、「達成すべき」規準を明確にできます。

27 あなたの「未来年表」を作りましょう。

 このレッスンでは、これまで整理してきたことを、未来年表にまとめてみます。まずはレッスン22で書き出した「一生のうちにやりたいことリスト」の中から、優先順位をつけて、5年後までに実行したいことを10個選んでみましょう。

 たくさん書いてしまったので、絞るのは難しいですね。

 そうですね。優先順位をつけるのは、難しい作業ですね。何をやるか、何を後に回すかを決めなくてはなりませんね。

 何を基準にして、優先順位をつけたら良いですか？

 多くの人は、自分が何を一番やりたいかを知らないことが多いのです。でも、花さんと光くんは、ここまでワークを進めて、ライフポートレートも書き、ライフテーマを見つけたので、自分にとって大切なものは何か、分かっていますね。

 なるほど、自分にとって意味のあるものに高い優先順位をつけるということですね。

だったら、私、「ロボット掃除機を買う」とか「温泉に行く」とかも、優先順位高めです。なぜなら、ロボット掃除機は家事を効率化して、仕事をする時間を生み出すという意味があるし、温泉は、大事な家族との時間を充実させるという意味があります。

自分が大切なものがわかっているので、それを実現する可能性を高めるものを優先しているんですね。

ワーク

レッスン22で書き出した「一生のうちにやりたいことリスト」から、5年後までに実行したいことを10個選んで、以下に書き込みましょう。

①	②	③
④	⑤	⑥
⑦	⑧	⑨
⑩		

●例：花さんの場合

①正社員になる	②資格を取る	③ボーナスで家族にプレゼントを買う
④猫を飼う	⑤ロボット掃除機を買う	⑥食洗機を買う
⑦温泉旅行に行く	⑧リビングテーブルを買い替える	⑨断捨離
⑩いらないものを寄付する		

● 例：光くんの場合

①自分の興味ある製品を担当する	②チームリーダーになる	③海外の工場に出張する
④結婚する	⑤ダイビングをする	⑥富士山に登る
⑦バイクを買う	⑧学会に参加する	⑨引っ越しをする
⑩仲間と京都へ行く		

私は、5年後に正社員として働くために、勉強して資格を取りたいと思います。そのために家事を効率化したいです。それから、家族を大事にして、絆を強めることも大事です。そういうことを優先して、選んでみました。

僕は、5年後に自分の興味のある製品開発チームで、リーダーとして働いていたいです。そのために必要なこととして、学会への参加があります。でも仕事だけじゃなくて、結婚や、仲間と楽しむことも優先順位が高いです。

では、選んだ10個を、いつやるのか、時系列で考えてみましょう。自分だけでなく、家族や周囲の人との関係性やタイミングも考慮に入れて、年表にしてみましょう。

ワーク

1. 未来年表に、自分と、自分の人生に関係する人と、その年齢を書き込みましょう。

2.「仕事」「プライベート」の欄に、すでに確定していることや予測できることがあれば書き込みましょう。（例：受験、入学、卒業、定年退職など時期が決まっていること）

3.「仕事」「プライベート」の欄に、先に選んだ10個の「やりたいこと」を入れ込んでみましょう。

4. 全体を眺めて、加筆、修正を行いましょう。

〈未来年表〉

	自分の年齢	自分の人生に 関わる人／年齢			仕事	プライベート	能力開発、ネット ワーク づくり、その他
現在							
1年後							
2年後							
3年後							
4年後							
5年後							
その先の未来							

（1）レッスン 24 で書き出した「調整や準備」、「サポートチーム作り」の中から、5 年後までに行うことを選んで書き出してみましょう。

●例：花さんの場合

・児童心理学の知識、カウンセリングのスキル、交渉能力

・仕事をするために家族と調整して協力を得る

・資格を取るための資金を準備する

●例：光くんの場合

・交渉力、独創力、技術の話ができる英語力

・自分が興味ある製品開発と、会社の方向性の調整

・彼女との話し合い

（2）レッスン 26 で書き出した「新たに開発する能力」の中から、5 年後までに行うことを選んで書き出してみましょう。

●例：花さんの場合

・児童心理学の知識、カウンセリングのスキル、交渉能力

・カウンセリングのスキル、パソコンスキル

●**例：光くんの場合**

・交渉力、独創力、技術の話ができる英語力

・英語の論文を読むスキル、社内のネットワークを広げる

_____

.
_____

_____

_____

（3）（1）（2）の中で、未来年表に追記できることがあれば、書き込んでみましょう。
（4）もう一度、未来年表を眺めて、必要に応じて調整し、完成させましょう。

●**未来年表：花さんの例**

	自分の年齢	自分の人生に関わる人／年齢			仕事	プライベート	能力開発、ネットワークづくり、その他
		夫	長男	次男			
現在	40	40	10	8	ボランティア	断捨離、いらないものを寄付	家族に家事を教える
1年後	41	41	11	9	パート週2	ルンバを買う	・勉強のための貯金 ・無料で受けられる講座を探す
2年後	42	42	12	10	パート週3	食洗機を買う	パソコンの勉強
3年後	43	43	13	11	パート週4	長男中学入学	カウンセリングの勉強

ステップ1

ステップ2

ステップ3

ステップ4

					パート週4	資格を取る 温泉旅行	カウンセリングの勉強
4年後	44	44	14	12	パート週4	資格を取る 温泉旅行	カウンセリングの勉強
5年後	45	45	15	13	正社員	次男中学入学 ボーナスで家族にプレゼント	↓
その先の未来	46	46	16	14		猫を飼う	

●**未来年表：光くんの例**

	自分の年齢	自分の人生に関わる人／年齢			仕事	プライベート	能力開発、ネットワークづくり、その他
		彼女	子	母			
現在	25	25		53	プロジェクトメンバーとして上司をサポート	ジムで筋トレ 彼女とスキー	・会社内のネットワークを広げる ・英語の論文を読む
1年後	26	26		54			↓
2年後	27	27		55	学会に参加	仲間と京都旅行	TOEICを受ける
3年後	28	28		56	海外出張	引っ越し	↓
4年後	29	29		57	自分の興味ある製品を担当		
5年後	30	30		58	チームリーダー	富士登山	↓

| その先の未来 | 31 | 31 | 0 | 59 | | 子どもができたらいいな | |

未来年表を作ってみて、どうでしたか？

やりたいことの1番目に書いた「正社員になる」は子どもたちが中学生になるタイミングを待って、5年後に書き込みました。まずボランティアから始めて、パートを増やしていけたらスムーズにいきそうです。資格を取るために勉強するにしても、まずいろいろ調べないといけないことがあると気がついて、準備期間を設けてみました。

僕は、5年後、30歳で自分のプロジェクトでリーダーになれるよう、プランしてみました。そのためには、今から時間をかけて、社内ネットワークを広げていくことが大事そうです。苦労があっても乗り越えられるよう、プライベートには楽しいことをいろいろ入れてみました。結婚もしたいな、と！

なるほど。タイミング的に今すぐできる「楽しいこと」もありますね。うまくバランスを取っていますね！

一歩踏み出すための「アクションプラン」を作りましょう。

　レッスン27で未来年表を作り、未来の目標に向かう道筋を描きました。でも、目標達成に至る道筋は、1つではないはずです。もし1つしか道筋がない場合、立てた計画が途中で失敗したら、そこでくじけてしまいます。1つにこだわるのではなく、別の選択肢を探す柔軟性を持ちましょう。そうすることで、実現の可能性が広がります。

私が、レッスン27の年表で考えたのは、まずボランティアから始めて、次にパートをしながら勉強して資格を取って、正社員になる、という道筋です。

花さんの希望を実現するのは、その方法だけですか？　他の道筋はありませんか？

すぐ正社員になるという道も、ないことはないと思います。でも、子育てでブランクもあるので、直接、正社員になるというのは、私にとっても、家族にとっても、無理があるかな？　と思いました。

経験がなくても雇ってくれるところはあるのではないですか？　家族にも、話してみないとわからないですよね。もちろん花さんは、自分にとってのベストプランを考えたのでしょうが、可能性を捨てる必要はないように思いますよ。

そうかぁ。最初からその選択肢を捨ててしまうのは、チャンスを逃すことにもなるかもしれないですね。

他の選択肢はどうですか？

実は1つ気になっているのは、そういうNPOがボランティアやパートを募集しているとは限らないことです。その時には、待っていないで、まず、経験のある販売のパートをしながら、勉強するのも選択肢だと思います。

ワーク

（1）左下の○は、現在のあなたの位置を示しています。右上の四角に、あなたが到達したい目標を書き込みましょう。
（2）目標に到達するための道筋を、3通り考えましょう。

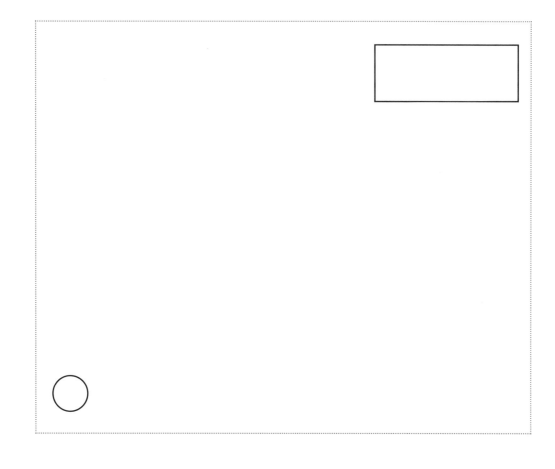

●例：花さんの場合

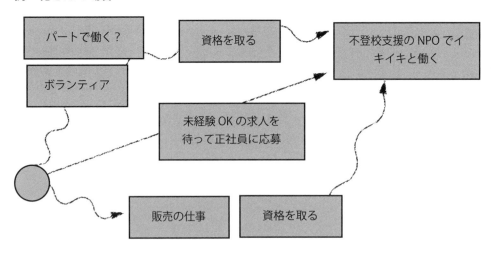

●例：光くんの場合

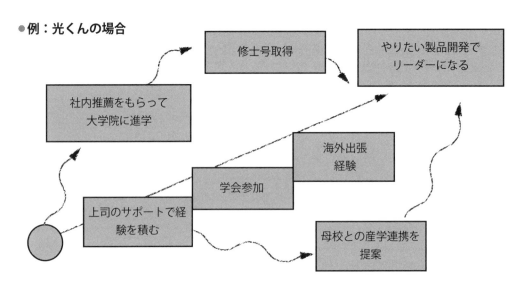

光くんも、目的達成のために、いくつかの道筋を見つけたんですね。

すごく難しかったです。最初は、真ん中に書いたストレートの道しか思い浮かびませんでしたが、考えてみたら、遠回りかもしれないけれど、進学する道もありますね。あるいは、母校の教授に働きかけて、産学連携の予算をとって、プロジェクトを始めることも不可能ではないと思います。

アクションプランを考える

いつでも、目標に向かうための道筋を柔軟に選び直すことができます。ここでは、3つのうち、1つの道筋を選んで、アクションプランを考えてみましょう。

アクションプランって、どういうふうに書けば良いのですか？

いつまでに、何をやるかを具体的に記載します。たとえば、「資格について調べる」だと、いつどのように実行に移すかが曖昧です。「5月中に、3つの資格について調べ、資料を取り寄せる」というように数字など入れて具体的に書きます。後で振り返って、そのアクションプランを実行できたかどうかを、評価できるような書き方が良いでしょう。

「実行できた」か「できなかった」かが、判断できるように書けば良いのですね。

その通りです。光くんは社内のネットワークを広げるために、どんなアクションプランを考えますか？

周囲と積極的にコミュニケーションをとることですね。

それだと、後から「積極的だったかなぁ？」と振り返って、「できた」「できない」を評価するのが難しいですね。数字を入れて、もっと具体的にできますか？

「他部署や別プロジェクトの人と、最低週1回は話をする」でどうでしょうか。

それならOKです！

選んだ道筋を進むために、したほうが良いと思うことを3つ考えて、実現するためのアクションプランを立てましょう。なるべく具体的に書いてください。

目標

	目標達成のために、したほうが良いと思うこと	アクションプラン（何を、いつまでに、など具体的に）
1つ目		
2つ目		
3つ目		

目標：不登校支援 NPO で正社員になって生き生きと働く

	目標達成のために、したほうが良いと思うこと	アクションプラン（何を、いつまでに、など具体的に）
1つ目	将来につながるようなボランティアを始める	・今月中にネットで、不登校支援のボランティアについて調べる ・来月中に、見つけた団体にメールや電話で問い合わせをしてみる ・3か月以内に、最低3か所、実際に行ってみて、話を聞く
2つ目	資格を取る	・今年中に、どんな資格があって、費用はいくらかかるか調べて、資料を取り寄せる ・今年中に、資料を夫に見せて、費用について相談する ・勉強の時間を確保するために、家事を効率化する（まとめ買い、保存食、ロボット掃除機など家電を買う）
3つ目	家族の理解と協力を得る	・今週中に、このワークブックを見せて、家族に、将来正社員として働きたいことを伝える ・子どもたちが小学生のうちに、炊飯器と電子レンジの使い方を教えるために、週末の夕飯を一緒に作る

●例：光くんの場合

目標：自分の興味ある製品開発のリーダーとして働く

	目標達成のために、したほうが良いと思うこと	アクションプラン（何を、いつまでに、など具体的に）
1つ目	スムーズに仕事をするための根回しや準備	・社内で自分を応援してくれるサポートチームを作るため、他部署や別プロジェクトの人と最低週1回は話をする ・半期に1回の上司面談（次は▲月）で、自分のやりたいことを伝える ・○○学会と□□学会に参加して新しい技術を学ぶ ・発想力をつけるため、異業種の人や年代の違う人とも交流する（月1ペースで、オンライン勉強会に参加する） ・英会話を週1回習う

ステップ1
ステップ2
ステップ3
ステップ4

2つ目	チームリーダーとしての力をつける	・ビジネス書を月1冊読む ・プロジェクト会議の後に、毎回少し残って、今のリーダーと話をして学び取る
3つ目	結婚する	・彼女と楽しい思い出をたくさん重ねる ・結婚資金を貯めるため、月々△円ずつ積立貯金をする

具体的にアクションプランが書けましたね！　ところで、二人とも、一度目標を決めてから、もっと良い目標を途中で見つけて、変更したことはありますか？

結婚するとき、絶対住みたいと思っていた街があって、そこの物件を随分探しました。でも、実家の近くにもっと安くて広い物件があるのをたまたま見つけて、そちらに決めたことがあります。

僕は学生時代、接客以外でアルバイトを探そうと思っていました。接客は夜が遅くなるので。でも、バイト料が他より高くて家から近い居酒屋が見つかって、結局そこで3年も働きました。

ジェラッドというアメリカの心理学者は、「21世紀には積極的不確実性という考え方が必要である」と提唱しています。未来は不確実なので、一度決めたことを変更するのはよくあることです。より良い目標があったら、変更できる柔軟性を持っていることが大切です。

目標に向かう道筋だけでなく、目標自体も柔軟に変更しても良いということなんですね。

私の場合、不登校のNPO以外にも、もしかしたらライフテーマに合った仕事があるかもしれませんね。

29 あなたの「人生の意味」を確かめましょう。

　ここまでワークを進めてきて、いかがでしたか？　レッスン0で、ワークブックの取り組みが終わったとき、解決していると良いな、と思うこと（悩み、問題、課題）は何ですか？　とお聞きしました。書き出したことを振り返って、何か解決の糸口が見つかったかどうか、確認してみましょう。

ワーク

あなたがレッスン0で書いた、「私が、解決したいと思う悩み、問題、課題」をもう一度読み直してください。それは、解決しましたか？
解決したとしたら、どのように解決しましたか？　そうでない場合、どの部分が解決していませんか？

_____

_____

_____

●**花さんがレッスン0で書いた問題**

　下の子が小学生になり、少し子育てには余裕ができました。

　せっかくの人生だから、時間を有効に使いたいと思います。でも一歩が踏み出せなくて、モヤモヤしています。私に向いていることって何なのか、これから先の人生の方向性が知りたいです。

私は、なぜモヤモヤしていたかがわかりました。大好きだった小公女セーラの、「我慢強さ」を自分に取り込んでいたんです。決してそれは悪いことではなかったし、私のこれまでの人生で役に立った強みでもあります。だけど、これからは少し「我慢」を手放すことも大事だとわかりました。人生の方向性は、かなり明確になりました。私の「捉われ」を仕事にすることです。「捉われ」をポジティブ転換した私のライフテーマは、「大切な人をサポートする」ことです。

「大切な人をサポートする」という金の糸が見つかったんですね。

はい。そういう意味では、これまで、母として、妻として、ちゃんと大事な人をサポートしてきたんですよね。ただ、子ども達の手がだんだん離れてきて、「大事な人をサポートしたい」というエネルギーが余ってきたのかもしれません（笑）。ワークをやりながら浮かんだ目標は、不登校のNPOで子どもたちやお母さんを支えることです。でも、ライフテーマを実現できる仕事は、もっと他にもあると思うので、道を狭めすぎないで探していきたいです。

花さんの金の糸が、道しるべとして、花さんの行き先を照らしてくれますね。

ワークをやってきて、バラバラに起きていた人生の出来事が、実は一貫するストーリーだということを実感してビックリしています。

●**光くんがレッスン0で書いた問題**

　僕は、今やっている仕事に特別不満があるわけではないのですが、このままの人生があと数十年続くと思うと、これでいいのかな？　もしかすると、他の生き方もあるのかな、と時々思うようになりました。本当にこの道でいいのか、あるいは別の選択肢があるのか、その辺がわかると良いな、と思います。

僕は、なぜこの仕事をしているのか、という意味がわかりました。自分では、開発や物を作ることが得意だし好きだからだと思っていました。でも、なぜそれをやるのか？　というと、人の役に立つものを作りたいんですよね。

光くんのキーワードの中に、「評価される」というのがありましたが、そこはどうですか？

僕にとって「評価」は、世の中の役に立つということだと気づきました。子どもの頃の、レゴブロックでロケットを作って友達や先生に「すごいね」と言われた思い出を話しましたが、あの後、作り方を友達に教えて、とても喜ばれたんです。僕は、人の役に立つものを作って、世の中を良くしたいんだ、と気づきました。

職業領域の興味関心のワークをやった時、自分がS（社会的領域）に興味関心がある、ということに気づいて、意外そうにしていましたよね。光くんは、決して、ただ作ることや知ることをやりたいわけでなく、作ったものが世の中の役に立つことが嬉しいんですね。

はい。ワークを通して、自分にとって何が大切か、何が意味を持つかがハッキリしました。今の仕事を、これからも頑張っていきたい、という意欲が高まりました。上司や先輩の製品サポートも、自分なりに「これは、こんな風に世の中の役に立つ」と納得感を持って取り組んだら、もっとやりがいを感じられそうです。

自分の人生の意味に触れることで、生きる力が活性化されます。たとえ問題が完全に解決しなくても、少なくとも進む方向は明確になるはずです。

ワーク

あなたが、ここまでのワークを終えて、自分自身について気づいたこと、感じたことを書き出しておきましょう。

まとめ：より良い ライフデザインへのヒント

さあ、ここでまとめに入りましょう。最後に残ったレッスンは、流動的な現代で幸せになれる秘訣についてです。

どんな秘訣があるんですか？

それは、「キャリアアダプタビリティ」を持つことです。未来に大きな変化が起きても、適応して生きていくために必要なものがキャリアアダプタビリティ（キャリア適応性）です。適切なキャリアアダプタビリティを自分のものにすることで、どんなに不安定な社会でも生き抜くことが可能になります。

ワーク

あなたのアダプタビリティをチェックしてみましょう。次の4つの質問に0から10点で答えてください。

問1　未来に実現したいことがある　　　　　　　Yes（10点）——— No（0点）

問2　未来は自分自身で決めることができる　　　Yes（10点）——— No（0点）

問3　どんな未来になるかと思うと、ワクワクする　Yes（10点）——— No（0点）

問4　未来の人生を自分らしく生きる自信がある　Yes（10点）——— No（0点）

　問1は、あなたの人生の意味と目的、つまりあなたの捉われや気にかかることを問います。もし得点が高めなら、あなたは、未来に何が起きるかということを、ある程度、関心を持って、予測することができます。ただし、このこだわりがあまりにも強すぎたり、

頑固だったりすると、ある種の生きづらさや不安を感じることがあります。また、弱すぎる場合は、自分の人生の意味を発見していないことになります。したがって、人生の方向性が見えません。

　問2は、未来を自分でコントロールしているかを問います。もし得点が高めなら、あなたは未来に対して適切なコントロール感覚があります。つまり、自分の人生に責任を持って、周りの環境が変化しても、自分がそこで何ができるかをよく考えて対処します。しかし、強すぎると、すべてを完璧にしようとするので、思い通りにいかなかった時に、怒りや落ち込みが生じます。弱すぎると、周りに振り回され、オロオロして無力になります。

　問3は、あなたの好奇心についての質問です。好奇心とは、珍しいもの、未知なことに興味を持つ心のことです。もし得点が高めなら、あなたが未来に対して適切な好奇心を持っているということです。適切な好奇心があれば、さまざまな変化に応じて、自分の役割を調整して変化に適応することができます。ただし、強すぎる好奇心を持っていると、無用な選択肢が増えすぎて、選ぶことが難しくなり、意思決定を遅らせることがあります。逆に好奇心が弱すぎると、いろいろなことに興味や関心を持つことがなく、新しい経験に出会うことはありません。また、変化に適応することを難しくします。

　問4は、自分の能力や価値などを信じて、自分の考えること、することが正しいと信じることを意味します。もし得点が高めなら、あなたは適切な自信を持っています。あなたは自分の人生をデザインして、どういう生き方をするのか、自分で選択することが可能になります。ただし、あまり自信が強すぎると、人に傲慢な感じを与えたり、努力することをやめてしまったりします。逆に自信がなさすぎると、自分が弱々しく、無力に感じます。変化に圧倒されて、怖くなります。そのために、変化に適応することができません。

花さんと光くんは、やってみてどうでしたか？

問3の好奇心は、10点でした。だから、あれもこれも、やりたくなってしまうんですね（笑）。得点が高いから良いというわけではないんですね。

光くんはまだ 20 代ですよね。今はまだ特定な興味関心に絞りきれていないという事もあるでしょう。ワークを通してライフテーマが見つかり、道しるべを得たと思うので、それに沿って絞っていけば、もっと成功してもっと満足できるでしょう。

私は、問2のコントロールが6点で、一番低かったです。でも、このワークに取り組む前だったら、もっと低かったでしょうね。自分の思う通りになんて、できるわけない、と考えていたと思います。今は、調整は必要だけれど、自分の気持ちを伝えたり、協力してもらうことで、ある程度できると思えるようになりました。他は7〜8点でしたが、ワーク前だったら、全体的に低めだったと思います。

花さんは、ここまでのワークを行うことで、随分変化があったようですね。

僕も、問1の「未来に実現したいことがある」は、ライフテーマが見つかる前だったら、きっと3点ぐらいです。今は、自分が向かって行く方向性が、明確になったので9点です。10点にしなかったのは、この先、思いがけない変化があったり、他のチャンスに出会った時に、変更するかもしれないからです。

光くん、すごい成長ですね。柔軟に考えられるようになったんですね。

ワーク

アダプタビリティチェックであなたが気づいたことを書き出しましょう。

花さんも光くんも、ここまでよくワークと取り組んで、自分自身の人生と向き合ってきましたね。これからもときどき、振り返って、自分の人生の意味をもう一度味わう機会があると思います。今のこの経験を大切にしてくださいね。最後にもう一度、花さんと光くんが大好きな言葉を言ってくれますか？

「止まない雨はない」、です。

「止まない雨はない」ですね。
「止まない雨はない」。

「失敗は成功のもと」、です。

「失敗は成功のもと」、ですね。
「失敗は成功のもと」。

　花さんと光くんは、自分たちの使える資源である「大好きな言葉」を口に出してその音の響きを聞き、さらにミズノ先生が大好きな言葉を繰り返すのを耳にして、カウンセリング室を後にしました。ミズノ先生は二人を出口まで見送り、もう一度、大好きな言葉を繰り返しました。皆さんも、自分の大好きな言葉を何回も、声に出して言ってみましょう。あなたがピンチの時に、支えてくれる資源になります。

最後のワークです。あなたが大好きな言葉を、もう一度、ここに書いて、声に出して読んでみましょう。

「　　　　　　　　　　　　　　　　　　　　　　　　　　　　　　　　　」

column ポジティブ心理学からのヒント①：希望、レジリエンス、フロー

　幸せな人を研究した結果、いろいろな特徴を持っていることがわかりました。ここでは、特に、この3つを紹介しておきます。この3つが高まることが、もっと幸せを感じ、成功していると感じることができます。

希望（Hope）：ライフテーマを発見した人は、すでに希望を抱いていると思います。希望を持つことは、人間に与えられたギフト（才能）です。人類は希望を強く持って、生き続け進化してきました。希望は、あなたを望ましい道筋へと案内します。

ライフテーマが明確になるにつれて、希望が生まれてきます。

どうしてですか？

ビジョンが生まれてくるからです。花さん、光くんも、5年後の自分になって自己紹介をしてくれた時、とても生き生きしていましたよね。

確かに、こういうふうになりたいな、と希望を持ちました。

達成するための戦略を持つと、もっと希望は強く、大きくなります。

それでアクションプランを立てたんですね。

いろいろな経路もあると気づいて、どれかがダメでも、他の道もある、という希望が湧きました。

レジリエンス（resilience）：ボールを壁に向かって投げたとすると、ボールは跳ね返って投げた人のところに戻ってきます。ところが、ボールが弾力性を失うと壁のところでポトリと落ちてしまいます。レジリエンスは、弾力、復元力などという意味で、たとえ困難な状況にあっても、乗り越えて生き延びる力がある人を「レジリエンスのある人」と呼んだりします。レジリエンスのある人は、何か問題が生じても、自分の資源（知恵、体力、友人、家族など）の力を使って対処できます。資源には、個人の弾力的なパーソナリティや、解決方法が予測できて対処できるという確信、家族や友人などのサポート、学校や社会からのサポートなども含まれます。

ワークを通して、自分が持っているレジリエンスを高めるための資源を、もう知っていますね？

サポートチームを書き出したワークがありましたよね。私は、いろいろな人に支えられていると思います。でも、自分自身がレジリエンスを持っているわけではないかな。

花さん自身の内側にも、かなり資源があるんですよ。たとえば花さんの強みです。大好きな言葉も、花さんの内側にある資源ですよ。

たしかにそうですね。「失敗は成功のもと」という気持は、僕の中にあるレジリエンスですね。

フロー（Flow）：フローとは、何かに熱中して、時間のたつことを忘れたりする体験を言います。仕事に熱中しているときに感じる気持ちは、一種の幸福感や満足感です。フローの状態では、心身が融合して、周りに影響されることなく、楽しさを味わっています。そして、大事なことは、仕事が終わった時に、その仕事を達成した、やり遂げた、ということを、確かめる手立てを持つことです。たとえば自分自身でタスク表にチェックを入れるとか、上司や顧客からフィードバックをもらうなどです。そうすることで、やり遂げた自分をほめて、自信を持つことができます。

人生は目的や意味の実現のためだけに努力すると、あまりにも結果を求めすぎることになります。人生には、もう1つの面があります。それは、ただひたすら楽しむという側面です。楽しく何かに集中する、そして時間の経過も忘れて、気がついたときには何かを成し遂げている。そんな瞬間に、幸せを感じるものです。これがフローです。どんなときに、フローを感じますか？

夢中で仕事をしていて、「あ、もうこんな時間だ！」ということはよくあります。先輩と、「いやー今日もよく頑張ったよね」とビールを飲んで、しみじみと一日を振り返ります。これって、フローですか？

そうです。幸せを感じる瞬間ではありませんか？

それを味わいたくて仕事している、って思うこともあるほどです（笑）

夢中で掃除していて、あっという間に時間が経つことはありますね。「わー、こんなに綺麗になった！」と思うと満足感があります。

時が流れるのを忘れるほど、何かに集中できる何かを持って、フローが増えれば、幸福度も増すし、いい仕事をした、という感覚が生まれます。

ポジティブ心理学からのヒント②： 事実は説明の仕方で変わる?

　1つの事実は、必ずしも1つの説明だけでなく、他のさまざまな言い表し方ができるものです。事実を別の言い表し方で表現してみましょう。「消極的」は「思慮深い」、「落ち着きがない」は「活発」、「優柔不断」は「慎重さがある」と言い換えることができるでしょう。

　事実の説明は、生まれ育った場所や環境によって異なるものです。自分が、まったく違う世界にいると思って、その事実を説明し直してみましょう。たとえばA社では、遅くまで会社に残って残業する人が評価されるかもしれません。ところが、B社では、時間内に仕上げる人が評価され、残業する人は能力がないと見なされます。

　あなたが事実を説明する仕方が、あなたの未来を同時に形作っています。あなたが今使っている言葉で、どんな未来ができるかを想像してみましょう。否定的に語ったり、破壊的に語ったりすると、未来になっても、同じように、否定的、破壊的なストーリーが現れる可能性が大きくなります。

　あなたの理解は、「制限された中での理解」かもしれません。その制限を破るためには、どんな説明の可能性がありますか。想像もしていないことが起きるかもしれません。いままでの理解の枠を超えることができると、明るい未来が創造できるでしょう。

ステップ1

ステップ2

ステップ3

ステップ4

先生からの メッセージ

スマートフォンやタブレットで読み取ってください。

解　説

　本書を読み、ワークに取り組んでいただいた皆さんの中には、「このレッスンで紹介されている用語について、もっと詳しく知りたい」「ここで行ったワークには、どのような意味があったのだろう？」と興味を持ってくださった方もいらっしゃるかと思います。また、本書を手に取られた方の中には、キャリアカウンセリングの勉強中であったり、すでにプロとしてキャリア支援の現場をお持ちの方もいらっしゃるかもしれません。本書は一般の方に取り組んでいただきやすいよう、背景にある理論的な説明は割愛していますので、もう少し深く知りたい、勉強したい、と感じられた部分もあったことでしょう。

　本文では省いた説明を、この解説で少し補っておきますので、参考になさってください。

レッスン 0

ライフテーマ

　ライフテーマとは、あなたが生きる意味と目的のことです。未来に生きる目的を見いだすことができたら、あなたの内側に生きる意図が生じます。つまり、目的を持って生きることができるでしょう。

　ライフテーマを知るヒントは、幼少期の思い出にあります。実は、あなたは、この世界に生まれた時から、自分自身で外の世界から「意味」を取り入れることで「人生の意味」を形作ってきたのです。無数の現象が外界に存在するのですが、不思議なことに、あなたは、あるものを取り入れ、その他のものを無視してきたはずです。

　最初に取り入れた「意味」は、「**捉われ**（preoccupation）」になり、あなたの人生を見る視点にある特色が生まれます。「捉われ」を根幹として、あなたが生きる意味を解釈すると、ライフテーマになります。本書では、ワークを通してあなたのライフテーマを明らかにし、それを大切に、ライフキャリアをデザインしていきます。

ナラティブアプローチ

　カウンセリングには 2 つの流れがあります。1 つ目は、実証的な科学的思考です。この

流れは、現象を客観的に分析して科学的に理解しようとします。2つ目の流れは、現象の主観的な理解を尊重します。2つ目の流れを取り入れ、本人の捉え方や、本人の語りを大切にするのが、**ナラティブアプローチ**です。ナラティブアプローチでは、カウンセラーはクライエントを客観的に分析して解釈するのではなくて、カウンセラーとクライエントが協働して意味を形成することに焦点を当てます。

　サビカス博士はキャリアカウンセリングにナラティブアプローチを取り入れました。つまり、カウンセラーとクライエントが協働して、クライエントの生きる意味を形成するというキャリアカウンセリングを提唱しました。

　ナラティブアプローチでは、音声や文字で表されることがらだけではなく、語る時の話し方や身振りや表情なども大切に扱います。本書は、対面のカウンセリングではないため、あなたがワークで書き込んでいる様子を見ることはできませんが、実は、あなたがどんな身振りや表情で書き込んでいるかも、大切な語りになります。ナラティブによって、自分の人生を語ることによって、自分の経験してきたことに意味を与えることになります。

マーク・L・サビカス

　サビカス博士は、1977年よりノースイースト医科大学教授として医学生のキャリア教育をしてきました。キャリアカウンセリングの教育・実践・研究で大きな業績があります。私たちは、サビカス博士に全米キャリアカウンセリング学会で2013年に出会って以来、サビカス博士の著書を日本に紹介してきました。

　サビカス博士は、自分の人生を豊かに語ることがライフデザインにつながると考えました。つまり、あなたが、これまで断片的に語っていたエピソードを大きなストーリーにして語ることによって、一貫する意味を構成し、それが将来のライフデザインにつながるということです。

　サビカス博士の**キャリア・コンストラクション・インタビュー**（Career Construction Interview: CCI）では、具体的には5つの質問に答えることで、自己のライフキャリアのポートレートが作文できます。質問は、次の5つに関するものです。

　①あなたのパーソナリティ
　②あなたの興味関心
　③あなたの人生台本
　④あなたの心の資源

⑤**あなたのライフテーマ**

これらを問われても、すぐに答えられる人はまれでしょう。サビカス博士は、どのような問いかけをしたら、この問いの答えを導き出せるかを研究しました。本書のワークで、順に紹介しています。楽しみながらワークを行うことで、あなたのライフテーマを見つけ、ライフデザインを進めていくことができるでしょう。

サビカス博士のキャリアカウンセリングによって、全世界で多くの人に生きる意味を見つける支援が実現しています。本書では、サビカス博士の5つの質問を軸に、その他のキャリア理論、心理学の理論も併せて用いながら、順を追って、ワークを進めていきます。

レッスン1・2・3

ロールモデル

自分の行動や考え方のお手本になっている人を**ロールモデル**といいます。また、役割モデルともいいます。私たちは、模範となる人を観察して、その行動を模倣することで、新しい行動を獲得しようとします。このような人間の行動を、心理学では**社会学習理論**といいます。

子どもは、どのロールモデルを選択するかを自分で決定します。そして、そのロールモデルの特色を取り入れて同化します。ロールモデルとまったく同一の行動はできませんが、その特色をその人なりに解釈して取り入れます。たとえば、勇気、決断、思いやりなどのように象徴的な意味を取り入れて、ロールモデルの特徴を自分のものにして、同化しようとします。

サビカス博士はそこに注目しました。サビカス博士の提唱したキャリア・コンストラクション・インタビューの最初の問いは、幼い頃に好きだった人の特徴を尋ねることです。本書でも、その問いをワークにしています。あなたが幼い頃好きだった人の特徴は、あなたがロールモデルから取り入れ、同化しようとした特徴です。「あなたはどんな人ですか?」「あなたの特徴は?」「あなたの強みは何ですか?」と尋ねられたら、つい遠慮したり、照れ臭かったりして、なかなか答えられない方も多いと思います。しかし、幼い頃好きだった人のことなら、伸び伸びと、楽しく、その特徴を語れるのではないでしょうか。実は、それがあなた自身の特徴でもあるのです。

キャラクター

　本書では、主役として登場する人物の性格を**キャラクター**といいます。心理学ではパーソナリティといいます。劇では登場人物のことを意味します。本書では、あなたが選んだロールモデルの性格特性を意味します。

　ハリウッド映画のキャラクターの多くは、①ある状態で登場し、②そして物語の中で学び成長し、③最後に前より良い状態になるようにデザインされているそうです。このようなキャラクターの成長の様子を**キャラクターアーク**といいます。つまり、アークとは、登場人物のパーソナリティが経験を積んで成長する軌跡を意味します。

　『ハリー・ポッター』のストーリーでは、登場人物であるハリーは全8巻すべてに登場します。ハリーのパーソナリティは、友情に厚く、思いやりがあり、芯の強い子どもです。全8回すべての物語にハリーのキャラクターは影響を与えます。ハリーの物語は、さまざまな経験を通して成長し、以前より良い状態になります。自信を得て、自分の生き方を肯定して、周りの人と協力することで世界を平和にします。

　同じように、あなたが選んだロールモデルの特徴は、あなたが人生の中で、さまざまな経験をすることによってポジティブに成長し、あなたの課題を解決するために活用されることでしょう。

レッスン 4・5

ジョン・L・ホランド

　ホランドは、1990年代に活躍した、アメリカのキャリア学者です。同じ職業に就く人は、似たような特徴を持っていることに着目して、職業を6つの興味関心領域に分類しました。

　ホランドは著書、ホランド職業選択理論（ホランド著1997、渡辺・松本・道谷訳本は2013年出版）の中で、職業領域を6つの基本タイプに分類しています。現実的（Realistic）、研究的（Investigative）、芸術的（Artistic）、社会的（Social）、企業的（Enterprising）、慣習的（Conventional）の6つで、各タイプの英語の頭文字を取って、RIASECと呼ばれます。ホランドは、この基本タイプにどの程度類似しているかによって、人や環境が特徴づけられると提唱しました。個人が持つRIASECタイプは、自分の能力、好みの傾向、価値観、信念についての一貫した組み合わせとして、その人の特性を示します。いっぽう、職業のRIASECタイプは、その職場で働く典型的なパーソナリティや活動の性質を

表します。「VPI 職業興味検査」はホランドの理論をベースに、人と職業の RIASEC タイプをマッチングして、よりその人に合った仕事を見つけるために、現在も広く使用されています。

　レッスン 4 とレッスン 5 では、「VPI 職業興味検査」を使わずに、あなたが持つ職業領域の興味関心を分析します。レッスン 4 では加わりたいグループを使って、レッスン 5 では「好きな雑誌や、好きなテレビ番組」によって分析してみます。心理テストは、過去の興味関心について答えることが多いのですが、レッスン 5 の質問である「現在好きな雑誌やテレビドラマ」によって、「現在の興味・関心」を的確に診断することができます。

　ホランド理論は、マッチング理論といって、本人のパーソナリティと職業との一致を見つける職業カウンセリングの方法です。一方、サビカス博士は、この理論を使って、本人がどのような職業環境を意図的に構成したいのかを診断します。つまり、過去に適合するというよりは、未来をデザインするという意味で職業の興味関心を探ります。

レッスン 6

転機（トランジション）

　転機は、単なる変化でなくて、何らかの危機を経験して、今までの心理状態では対処できない危機的な状況のことです。一般的には、多くの人が、次の 3 つの時期に転機を経験します。

①**学生から社会人になる転機**。この転機では、自分の生まれてきた意味、どのような職業に適性があるのか、何をしたいのかが問われます。

②**中年の転機**。この転機では、これでいいのか、他に人生はないのか、本当の自分ではないのかという問いに出会います。

③**退職後の転機**。この転機では、自分は何者なのか、という問いと向き合い（アイデンティティの再構成）、生きる意味に再び直面します。人生の統合に成功するか、あるいは希望を失い絶望する可能性もあります。

　上記で紹介した以外にも、突然やってくる予期せぬ転機もあるでしょう。新型コロナウィルスの影響で、多くの方が「今までのやり方、今までの心理状態では対処できない危機」を経験されたかもしれません。このような転機に直面した時に、自己のライフテーマ

を再確認する必要が生じます。

　転機の時に体験するのが、**ズレ**です。社会からの期待や評判と、自分が思っている自分とのズレが生じます。このようなズレを生じると、人は過去を語りたくなります。つまり、人生を振り返って新しい解釈や見方の視点を探して、新しい語りの手段を模索しているともいえます。

レッスン7

自分について整理する

　キャリアカウンセリングの場面では、自分について知ることを「自己理解」といって、とても大切にしています。自分のことは、よく知っているつもりでいて、意外と一方向しか見ていなかったり、思い込みがあったり、本当の自分よりも低く見ていたりします。キャリアデザインセミナーなどでは、いきなりデザインを始めるのでなく、その前に、自己理解を深める取り組みを行います。学生の就職活動や、転職のための相談に乗るときも同様です。キャリアカウンセラーは、いきなり求人先を検索したり、応募書類を書き始めるよう促すのではなく、自分がどんな人で、どのような興味・関心を持ち、何をやりたいかを整理してもらう支援から始めます。そのほうが、むやみやたらと応募しては不採用になる、といったことを繰り返さずに済みますし、採用された後も、長続きします。

　本書でも、まずは皆さんに、自分のことをもっと理解していただくことからスタートしました。よくある「あなたの強みは何ですか？」「性格的な特徴は？」「あなたの興味関心は？」といった問いの代わりに、サビカス博士が提唱したキャリア・コンストラクション・インタビューの問いを使って、皆さんに考えてもらいました。新鮮な質問に促されて、あなた自身も、いつものおきまりの答えでなく、これまでにない、新しい回答をされたのではないでしょうか。「自分には、そういうところがあったのか！」と気がついて驚いた方もいるかもしれません。レッスン8以降でも、あなたが気づいていなかった自分の新しい側面を見つけたり、自分の人生の根底に流れる軸のようなもの（サビカス博士はこれを、人生の「金の糸」と呼んでいます）に触れる体験ができると思います。楽しみに、ワークに取り組んでください。

レッスン 8

ストーリー

　もし、「あなたの人生のストーリーを語ってください」と言われたら、どうでしょう。人によっては〈いつもの古いストーリー〉を語ります。たとえば、Aさんは次のように語ります。「子どもの頃、年子の妹がいて、すぐにお姉さんになったので、それ以来、ずっと私は長女タイプ、面倒見が良い反面、人に甘えられない人生です」。実は、これは、Aさんが人に何回も語っているいつものお話で、いくら詳細に語っても一般化されていて新しい視点が入ってきません。

　あるいは、〈いまだ語れていないストーリー〉を語る人もいるでしょう。このストーリーには、重要な話が省かれています。あるいは意図的に隠している場合もあるでしょう。または、〈ストーリーになっていない強い感情〉を語る人もいます。このストーリーからは、話から筋立てが抜けています。〈転機のストーリー〉は、転機のところで説明したように、過去の体験を詳しく話す傾向があります。〈空虚なストーリー〉は、自己の内面や感情を話さないで、外界の変化のみを語ります。〈競い合うストーリー〉は、あるストーリーと別のストーリーが競い合って進みます。たとえば、Bさんは、「父の私に対する期待は、私が思っている自分とはかけ離れています」と語ります。Bさんのストーリーは、両親の語りと、自分の語りが衝突するストーリーとなります。

　レッスン8では、「あなたが大好きなストーリー」を語ってもらいます。これも、サビカス博士の提唱したキャリア・コンストラクション・インタビューからの問いです。この問いに促されて、おそらく、新たな視点で、あなた自身の深いところから、自分自身の人生のストーリーを語ることになるでしょう。

　ストーリーには、次の5つの要素があります。

- **登場人物のキャラクター**：キャラクターの特徴がストーリーの展開に影響を与えます。主役に影響のある脇役が必要になることもあります。
- **場面の設定**：ストーリーには、どの時代、どの場所で、どのような背景で、キャラクターが登場して活動するかの場面が含まれます。あなたが、どのような舞台設計を願っているかが表現されるでしょう。
- **筋立て（プロット）**：プロットは、どのように（how）あるイベントが起きるかの因

果関係です。あなたのストーリーの中にも、あなたが世の中をどのように見ているか、その因果関係が示されるでしょう。

・**コンフリクト**：ストーリーの展開の起因となる課題や問題のことです。あなたがどのような課題を持っているかが現れるでしょう。

・**ライフテーマ**：ライフテーマはストーリーに意味を与えます。あなたが選んだストーリーから、あなたの人生にどういう意味（Why）があるかが語られるでしょう。

リフレクション

　リフレクションとは、内省して振り返り、新しい視点を得たり、見落としていたことに気がついたりする「心の振り返り」のことです。リフレクションは、本来の意味は光の反射です。カウンセリングの創始者カール・ロジャーズ（C. Rogers）は、カウンセラーはクライエントを鏡に映すようにしなさいと言いました。クライエントは、自分の発言や態度や表情がカウンセラーにそのまま映し出されることで、まるで鏡を見るように、自分を見て振り返ります。そして、これまで気づかなかった新たな気づきを得ることができます。

　本書で使うリフレクションは、自分自身が語ったストーリーを見直し、改訂する作業を意味します。カウンセリング場面では、カウンセラーからの質問やフィードバックによって、自分が語ったことに新しい視点を加えたり、忘れてしまっていることを思い出してストーリーに加えたりすることができます。本書ではカウンセラーが問いかける代わりに、ワークを行っていただく形になっています。ライフテーマが何かを理解すると、リフレクションが深められます。今まで、バラバラに起きていると思っていた、さまざまな人生のエピソードを、一貫するライフテーマによって大きなストーリーに書き換えることで、自分の人生を深く理解できます。

　ライフテーマが見つかると、今度は一貫するテーマがストーリーを束ねることで、語り直し、つまり改訂がなされます。改訂されることで、自分と他者との関係、自己の存在の意味、ライフテーマを際立たせて実践するプランなどの語り直しが始まります。

レッスン 9・10・11

幼少期の思い出

　サビカス博士によると、幼少期の思い出は、職業と大きく関係しています。どのような実体験があったかを詳細に語ることを重視するというよりは、幼少期のエピソードに

よって、あなたがどのような象徴的な意味を取り入れたかに注目します。幼少期の思い出から、具体的には次のようなことがわかります。

1. 現在のキャリア興味と幼少期の経験、緊張感、視点、感覚、戦略などとの共通点
2. 自分が世界をどのような視点で見ているか
3. 幼児期の思い出で語られた強み
4. 幼児期の思い出と職業パーソナリティの関係
5. 幼少期の経験と職業生活の意味の関係性

　人によっては、幼少期の思い出に、トラウマ体験があります。あまりにも深刻なトラウマ体験の場合は、記憶されていないこともあります。場合によっては追体験をしてフラッシュバックが起きることもありますので、注意が必要です。カウンセリング場面では、情報を得ることよりも、クライエントをケアすることを最優先にします。本書は実際のカウンセリングとは違って、あなたを直接ケアすることができないため、この質問に答えることが辛いと思われる場合は、ご自身の判断で飛ばしてください。

　実際のカウンセリング場面でも、私たちは、幼少期のエピソードの詳細よりも、それからどのような意味を生成したかを示すエピソードの『表題』だけでライフテーマがわかるので、詳細を話していただくことを省く場合があります。また、トラウマカウンセリングが必要な場合は、キャリアカウンセリングを中断する事もあります。

　幼少期の思い出に触れなくても、キャリア・コンストラクション・インタビューは実施できます。現在の課題、好きなストーリー、格言などで十分語られていますから、無理をする必要はありません。

レッスン 12

マタリング（mattering）

　あなたの人生を貫く糸は、あなたの人生に何が大切なのかを知る手がかりになります。

　あなたの人生にとって大切なことは、英語で mattering といいます。英語の matter は、さまざまな意味がありますが、ここでは「大切なこと」を意味しています。あなたは、どのようなモノ、ヒトを大切に思っているでしょうか？

①あなたの職場環境は、あなたにとって大切なものですか？

②あなたは、職場での自分自身を大切にしていますか？

③あなたは職場で、人やモノを大切にすることが重要だと思っていますか？

金の糸、つまりライフテーマ、あなたの人生の意味は、あなたの人間関係、あなたの健康、あなたの気持ち、あなたの職業生活に影響を与えます。

キャリア・テーマ

キャリア・テーマは、ライフテーマと同じもので、個人の生きる目的や意味を具体的に表現したものです。キャリアは、個人の人生のパフォーマンスです。キャリアは、ライフテーマに光を当てて、個人が自分のストーリーを語るにつれて、自分について知っていることを具体化したものです（Savickas、2011）。つまり、キャリアは自分についての物語です。キャリアは、いかに自己が変化したか、同時に同じであったかを語るストーリーであり、人生プロセスで起きたさまざまな変化に対する応答によって自分を構築するプロセスでもあります。

かつて、精神分析を提唱したフロイトは、人生は「愛と仕事」でできているとしました。これに対してアドラーは、仲間やコミュニティが必要と付け加えました。私たち、その3つすべてを満足させることは必ずしもできませんが、3つのうち1つでも満たされれば、それだけでも十分満足できるでしょう。ここで、注目したいのは「働くこと」がいかに人生の満足や幸福に大きな影響があるかです。

レッスン 13

ライフポートレート

ライフポートレートはあなたの肖像画のようなものです。本書では、絵の具で描いた肖像画ではなくて、作文することで自分の人生を表現します。「その文章はまるであなたのことですね」というようなまとまった文章にするには、コツが必要です。サビカス博士はライフポートレートに次の要素を加えました。

1. 人生の視点。あなたのライフテーマ、つまり人生の視点が入っている必要があります。

2. 自己の説明。あなたの自己が生き生きと説明されている必要があります。

3. あなたの成長。自己の性格特性が生き生きと描かれて、問題の解決者として表現されている必要があります（あなたのロールモデルが解決者になります）。

4. 自己が活躍する舞台を設計する。あなたが、どのようなところで働きたいと望むかを説明する必要があります。

5. あなたの人生台本を描く必要があります。台本には筋立てが書かれています。

6. 自分に与える最高のアドバイス。名言・格言を書き込みます。

7. 自己の人生を一貫するストーリーとして語ります。

　ライフデザインカウンセリングを対面で行う場合は、上記の要素を入れて、カウンセラーとともに、ライフポートレートを作成しますが、レッスン13では、ここまでのワークで書き込んできた内容をまとめて、自分自身で作文してみましょう。

　あなたの人生は、ライフポートレートを作文することによってより確かなものとして認識されるようになります。人生は語ったり、作文したりすることによって創造していくものだからです。

レッスン 14

証人（観客）

　ライフポートレートをあなたの親しい人に語ることによって、あなたの人生はより確かなものになります。あなたのストーリーがなるべく多くの人に理解されると、それだけ力を得ることができるからです。あなたのストーリーを聞いた人々は、あなたのストーリー（ライフポートレート）の実現を見る証人となり、観客となります。観客が多いほうが力を発揮しやすくなります。特にアクションプランを作成して、ストーリーを実践する際に、あなたの人生ストーリーを聞いた人は、あなたの人生の実演を見る観客として、あなたの人生のサポーターになります。

レッスン 15

ライフスペース

　ライフスペースは心の中にある空間です。空間には、身体的な空間、活動する空間、心

の空間、人とともに住んでいる空間、各人が所属する文化によって決められている空間、コロナ禍のように特定の時代の問題で制限されている空間などがあります。心に余裕がある場合は、スペースがある状態といって、さまざまな選択肢が見えます。ところが、スペースが狭くなると、選択肢が見えません。息苦しくなり、余裕がなく、せっぱつまった焦りを感じます。人にはそれぞれの大きさのライフスペースがあります。

本書では、ソシオダイナミック・カウンセリングを提唱したピービ―（V. Peavey）のライフスペースに関するワークを採用しました。自分のライフスペース（生活する空間）がどのような状態になっているかを見える可（化）します。もし現在のライフスペースを紙に描くことができると、具体的にはっきりとどのようなスペースに生活しているか理解できでしょう。

社会構成主義

サビカス博士の提唱したキャリア・コンストラクション・インタビューや、それを用いたライフデザインカウンセリングは、**社会構成主義**に基づいています。社会構成主義に基いたカウンセリングでは、カウンセラーが指示や助言を与えるだけでもなければ、相談者の話を傾聴するだけでもありません。カウンセラーと相談者の相互交流が主体です。カウンセラーは、相談者とともに、共同作業をしながら問題解決にあたります。社会構成主義で大切にするのは、相談者が語るストーリーと、その意味です。相談者が語るストーリーの文脈、相談者が置かれている環境や場、相談者がそれをどう捉えているかに興味を持ちながら、語りを聞いてストーリーをともに作り上げる作業を進めていきます。相談者が語った断片的なストーリーを大きなストーリーにまとめ上げるサポートをし、もしそのストーリーがネガティブなものであればポジティブに転換をする手助けをします。そして古い語りを新しい語りに変換（脱構成）して、相談者が自分自身を生き生きと語れるストーリーへと再構成します。カウンセラーが証人となってストーリーをともに構成する（共構成）プロセスへと進みます。

つまり、社会構成主義カウンセリングは、すべてを知っているという高い位置から正しい生き方を教えるカウンセラーではなくて、相談者と協働して生きる意味を創り出すサポートをする人になります。

本書のワークも、そのような姿勢を大切に作りました。あなたが自己との対話を通して、周りの人との対話を経験して、自分を振り返り、生きる意味を創造することができるよう、紙面で社会構成主義カウンセリングを再現しています。

レッスン 16

・・

対話する自己

　「対話する自己」は、ハーマンズ（Huber Humans）による現代社会に生きる人間の心の葛藤を説明する理論です。社会には、さまざまな人や立場があって、議論が交わされます。実は、外の世界と同じように、自己の内面にもさまざまな立場から意見を述べる自分がいます。心の中は、まるで国会のようにさまざまな立場が激論を闘わせているでしょう。

　伝統的な性的な役割を枠付けする意見や、家族関係による役割の押しつけなど、自分では気がついていないかもしれませんが、歴史的、社会的な要因で何らかの制限を受けていることがあります。自分の意見と思っていたことが、誰かの意見を代弁していることもあります。現代のように不安定で複数の意見が混在する時代は、自己の明確な立場を表明するためには、複数の意見が存在することを認めて、かつそれらの意見から自分の立場を決める必要があります。複数の立場（ポジション）から意見を述べることを考えてみましょう。

- **I（アイ）ポジション**　私の意見、「私は〜思います」のように自分の気持や意見を述べる
- **メタポジション**　特定のポジションから離れて、さまざまな位置に橋を掛けて、統合する意見を探求して発言する
- **第三者ポジション**　自分と他者の意見を否定することなく、二者の対立を解決できるポジション

　このように複数のポジションが存在するので、現代社会ではどのように違いを統合する立場が取れるかが課題となります。本書では、この理論を応用して、文化による制限と機制に気がつき、それに対応できるように、対話する自己理論を用いたワークを取り入れました。

　レッスン 16 のワークでは、過去・現在・未来からの声が聞こえてきます。声は、文化規範、家族のモラル、社会の期待、あなたの義務など、さまざまな立場からの意見でしょう。それらの声がどのようなポジションで発言されているかを理解できることが大切です。

レッスン 17

見える化（可）（visualization）

　可視化ともいいます。本書ではマッピング（図式化）とともに、見えないものを見えるようにするために図にして描くワークを取り入れています。最近は、会議などをマンガにして描くことで、絵を見ながらお互いの意見を理解できるようにする方法も工夫されています。

　運動の選手なども、パフォーマンスを高めるために、イメージを具体的に見える化（可）することを使っています。本書では、ピービーが提唱する心のマッピングをすることで、見えない心のスペースを見えるような作図する工夫が採用されています。心のスペースを整理するためにマッピングをすることが大変有効です。

レッスン 18、19

強み（strengths）、ポジティブ心理学

　英語の strong を名詞形にすると strength になります。ポジティブ心理学は、従来の欠点を修正する方法で人間を健康にしたり幸福にしたりする方法ではなくて、強みを見つけて活かす方法を考えました。

　ペンシルバニア大学の心理学者であるマーティン・セリグマン（Martin Seligman）は、アメリカ心理学会（American Psychological Association, APA）の会長を務めていた 1990 年代後半より、それまでの心理学研究は精神的な病理や異常性の研究だけに大きく偏っているために、人間の幸福や優れた精神的機能に関する研究がほとんどされていないと指摘しました。人間の幸福研究や人間の優れた精神性の研究分野の心理学的研究をポジティブ心理学と呼び、その重要性を訴えました。それ以来、ポジティブ心理学の研究は目覚しい発展を遂げています。

　精神異常の診断に使われている『精神障害の診断と統計の手引き』（DSM）や『疾病及び関連保健問題の国際統計分類』（ICD）は、人間のさまざまな異常（disorders）を診断する基準を作ってきました。しかし、ポジティブな人格力（character strengths）を診断する基準や指針は作成されたことがありませんでした。そこで、セリグマンはポジティブな人格力を測定するマニュアル作成を試みました。そうすることで、心理学によって人格

力とは何かという概念を明確にして、そのような人格力を共通に理解する基盤を得ることができると考えました。さらに、人格力の個人差を測定する尺度を作成しました。そして、その診断基準を応用してポジティブな精神機能を教育する研究を促進しようとしました。本書でも、あなたが自分の「strengths（強み）」を自覚し、意図的に使って人生をより良く生きる道具として活用できるよう、ワークを取り入れています。

レッスン 20

未来の意味

　過去・現在・未来の関係は複雑です。心理学では、現在の状態をどのように捉えるかによって、過去の意味が変化します。現在の生活がそれほど悪いものでなく、満足できる幸せを感じている人は、あまり悪くない過去だったと思う傾向があります。過去に経験してきたことが現在の結末と感じられるからです。

　現在やることがある人は、5年後の未来を具体的に思い描いています。5年後に大きな試験があると決めている人は、現在やることが決まっています。したがって、未来が現在を決定します。

　ライフデザインカウンセリングでは、幼少期の思い出に関する質問をします。幼少期のエピソードを話している人は、過去の経験を話しているのですが、話し方によっては、未来の予言をしていることにもなります。本書では、過去から現在まで続くライフテーマは、現在から未来に続くライフテーマとして理解しています。なぜなら、ストーリーは時間に捉われることなく、時間を超えて連続するからです。

レッスン 21

自己予言

　サビカス博士は、「自己予言の完結が人生」といっています。ライフテーマは、過去から未来にわたり、あなたの人生に立ち現れます。そのつど、また同じ（ような）問題に取り組むのかと驚くものです。

　ライフテーマは、ストーリーの筋立てとして、原因と結果を結びつける因果律にもなります。ワークに「現在大好きなストーリーは？」という質問がありました。自分の人生ストーリーと同じような映画や小説のストーリーは、その人を惹きつけます。

現在のあなたが直面している課題もライフテーマの一部です。どのように取り組むかは、ライフテーマによって方向づけられています。このように私たちの人生は、意味づけされたように展開していきます。

自己の人生についての語りは、**自己予言**でもあります。ライフポートレートの作成によって、怖れには勇気で立ち向かうストーリーに書き換えることができます。不自由は、自由を求めるストーリーになり、表現できない思いは、表現をするという職業に転換されます。

ストーリーをポジティブに書き換えることで、自己予言をポジティブ転換することができます。

レッスン 22

やりたいことを書き出す

やりたいことのリストは、英語では Wish list です。Wish list を具体的に書き出すことで、自分のやりたいことを明確にしたり、それを実現することも1つの効果ですが、書き出すこと自体を楽しんでほしいと思います。ワークでは特に書き出す個数を指定していませんが、もしこのワークが気に入ったら、別の紙に、100個書き出してみてください。たくさん書き出すことで、自分がどんなことを望んでいる人なのか、無意識に願っていることは何なのかが発見できるでしょう。あまり思い浮かばない、という人は、ブログなどでやりたいことのリスト（ウィッシュリスト）を公開している人がたくさんいるので、インターネットで「ウィッシュリスト」を検索してみるのも良いでしょう。また、ウィッシュリストを書き込む手帳やアプリなどもあるようです。願っていることを意識化し、見える化することで、実現する可能性を高めるだけでなく、実現したものにチェックをつけて消していくことを楽んだり、リストアップする項目の数を増やすことを楽しむのもお勧めです。

レッスン 23

クランボルツ

レッスン23のワークは、アメリカの著名なキャリアカウンセラーであるクランボルツ（John D. Krumboltz）が提唱した理論、「**計画された偶発性（プランド・ハプンスタン**

ス）」を応用しました。クランボルツは、著書『その幸運は偶然ではないんです！』（邦訳はダイヤモンド社、2005年）によって、不安定な時代に生きる人に希望を与えました。私たちの時代では、実行計画を詳細に作成しても、想定外の出来事が起きて予想した通りにならないことがあります。しかし、それが逆に想定外の幸運を生み出すこともあります。不確定な時代であっても、失敗をポジティブに捉えて、恐れずに、自らの行動で運を創り出せるのです。それには次の秘訣があります。

1. 好奇心を持ち学び続ける
2. 継続して努力する
3. ポジティブに考える
4. こだわらないで柔軟になる
5. リスクを怖れずに行動する

　成功している人は、幸運を自分のものにするために上記の5つの気持ちを持ち続けています。たとえば、希望していたA社に採用されず、B社に入社することになった、などという時にこそ、落胆したり失望するのでなく、この5つを大いに発揮したいものです。こだわらず、柔軟になって、B社での仕事に好奇心を持ち、努力を続けるということです。レッスン23では、「棚からぼた餅」という格言を例に、「棚の近くに行くこと」をお勧めしています。幸運は、向こうからやってくるのを待つのでなく、自分から幸運がありそうなところへ積極的に出かけていく人が手にできるからです。

レッスン 24

ソーシャルサポート
　ソーシャルサポートとは、社会の中でやりとりされるサポートのことで、大きく4つの種類があります。

- **情緒的サポート**：共感や愛情の提供。困ったり悩んだりした時、あなたを励ましてくれたり、慰めてくれる人はいますか？　心の支えになるのは誰でしょうか。その人が与えてくれるのが、情緒的サポートです。
- **道具的サポート**：形のある物やサービスの提供。仕事や育児でいっぱいいっぱいに

なった時、手を貸してくれる人、手伝ってくれる人は誰ですか？　その人が与えてくれるのが、道具的サポートです。また経済的に困った時の資金援助なども、道具的サポートの１つです。

- **情報的サポート**：問題の解決に必要なアドバイスや情報の提供。困っている時、やり方を教えてくれたり、助言してくれる人はいますか？　調べるための方法や、教えてくれる場所を紹介してくれることも、情報的サポートになります。
- **評価的サポート**：肯定的な評価の提供。あなたの言動を褒めてくれたり、ポジティブに評価してくれる人はいますか？　「そう、それで良いよ！」「よくできたね」という一言があることが、大きな力になることもあります。

　いかがでしょうか、あなたはどのサポートを持っていますか？　あるいは、どのサポートは少なめでしょうか？　ワークを通して、見直してみましょう。そして、不足しているサポートがあったら、どうしたら増やせるかを考えてみてください。

　ストレスは、ソーシャルサポートが存在すると緩和されると言われています。同じように大変な状況にあっても、サポートが多い人はメンタル不調にならないとも言われています。

　キャリアでは、あなたのサポートチームがあるとあなたのキャリア実現の強い味方となります。キャリアのサポートというと、どうしても職場にいる人（上司や先輩など）を思い浮かべるかもしれませんが、情緒的サポートなどは、職場とは直接関係しない家族や友達から多く得られることもあるでしょう。他にも、キャリアカウンセラーや産業医、ファイナンシャルプランナーなどの専門家をあなたのサポートチームに加えても良いでしょう。

レッスン 25

未来への柔軟な態度

　レッスン 25 では、5 年後のあなたをできるだけ具体的にイメージしてもらいました。ベストのアイデアはあり得ません。いつでも柔軟に選択肢を見て未来のプランを作成しましょう。現在は、結果ではありません。これから未来に向かうプロセスの途中です。

　カオス理論によるキャリアカウンセリングによると、未来計画は、時々、不完全で不正確な知識によってなされます。その結果、ほとんどすべての重要な決心には、ある程度の不確実さが伴います。もちろん、粘り強く努力することは推奨できます。しかし、同時に

柔軟に目標を変更し、計画を変更する必要性もあります。いつでも、学ぶ、再決心をする、適応する、変化することが現代社会では求められます。結局、決心は1回で決めるというよりは、連続する決定が続くというのが現実的でしょう。

自己肯定感／自己効力感

　自己肯定感とは、「自分はこれでいいんだ」と認めてあげる感覚のことです。他人からの評価とは関係なく、自分が自分自身をどう捉えるかによって決まります。たとえば、周囲から褒められたり高く評価されたりしても「自分はダメだ」と感じる人もいるでしょう。このような人は自己肯定感が低いために、ストレスを感じやすかったり、自分を大切にできなかったりします。自己肯定感が高い人は、自分自身を価値のある存在として肯定できますから、感情が安定して、他の人の評価に振り回されることも少なくて済みます。

　自己肯定感とともに扱われる感覚に、**「自己効力感」**があります。自己肯定感と自己効力感は、似ているようで意味は異なります。

　自己効力感はアルバート・バンデューラ（Albert Bandura）が提唱した概念で、何かの課題に直面したとき、「自分にはそれをする能力がある」「自分にはそれが達成できる」と信じる度合いです。同じ能力を持っていても、自己効力感の高低は、人によって差があります。そして、自己効力感が高い人は、低い人に比べて達成度合いが高いことがわかっています。

　自己効力感を高めるためには、過去の成功体験を思い出すことが大事です。失敗したことばかり思い出してしまっていませんか？　うまくいったこと、頑張ったこと、成長したこともあったのではありませんか？　謙遜しすぎていませんか？　自分に厳しすぎて、完璧主義になっていませんか？　これまでを振り返って、「できたこと、うまくいったこと」を思い出してみてください。

　もう1つの方法は、「こんなふうにできたら良いな」と思うような、お手本になる人を見つけて、よく観察することです。職場で尊敬する上司や、上手に育児と仕事を両立している先輩など、「こうありたい」という人を探してみましょう。加えて、適切な励ましの言葉をかけてくれる人の存在も重要です。

レッスン 26

ポータブルスキル

　変化の激しい現代は、社会から必要とされる仕事も変化します。今後は AI やロボット
の開発や実用化がますます加速し、私たち人間がしていた仕事も、コンピュータやロボッ
トが担うようになるでしょう。そんな中で、「これまで行ってきた仕事を、ずっと続けて
いく」ことが段々に難しくなる可能性があります。無くなっていく職業もあります。一方
で、新しく生まれる職業もあります。新たなニーズに応えて、必要とされる職業に移って
いく、労働移動が誰にとっても起こりえます。

　では、これまでしてきた仕事や、そこで積んだ経験、培ったスキルは、まったく無駄に
なってしまうのでしょうか？

　決してそんなことはありません。他の職場や職業にも持ち運びできる**「ポータブルスキ
ル」**がきっとあるはずです。レッスン 26 では、これまであなたが身につけてきたスキル
や知識を整理して、ポータブルスキルを見つけ出します。子育てや家事、介護、ボラン
ティア活動、地域活動の中でも、自分に身についたポータブルスキルが見つかるかもしれ
ません。「今の仕事がなくなったらどうしよう？」といたずらに不安がるのでなく、「どこ
でも応用が効くポータブルスキルを身につけよう、磨いていこう」という視点で、現在の
仕事をもう一度見直してみてください。

レッスン 27

未来年表

　私（長谷川）は、企業のキャリア研修などで、よく受講者の皆さんに**未来年表**を書いて
もらいます。すると、スムーズに書ける方と、なかなか筆が進まない方に二分されます。
よく話を聞いてみると、書ける方のほうは、「目標を設定して、そこに向かって進んでい
く」タイプの方が多いです。私はこのタイプを「山登り型」と呼んでいます。たとえば、
「海外と関係する仕事に就きたくて、英語を一生懸命勉強し、今の会社に入った」という
ような方々です。もう一方は「目の前のことを頑張っているうちに、現在の場所に着い
た」というタイプで、こちらを「ハイキング型」と呼んでいます。「大好きな英語を勉強
しているうちに、海外と関係する仕事に就いた」というような方々です。山登り型にとっ

ては、未来年表は書きやすいでしょう。イメージした5年後に向けて、何をしていけば良いかを考えることが得意だからです。ハイキング型の方にとっては、5年後をイメージすること自体も、難しいと感じられるかもしれません。どちらのタイプが良いとか、優れている、という訳ではありません。皆さんの中にも「5年後のイメージが浮かばない、未来年表が書けない」という方がいらっしゃったかもしれませんが、心配することはありません。あなたは、ハイキング型なのでしょう。その場合は、目の前のことを積み上げていったら、来年はどうなっているだろう？　その先は？　そして5年後は？　というように、「現在」から積み上げていって、未来をイメージしても良いと思います。ハイキングしているうちに、登りたい山が見つかる、という方もいるでしょう。

　山登り型の方に注意して欲しいのは、柔軟性を失わないことです。頑張って登ってきた山が、途中から雲がかかって見えなくなってしまう、ということも現代社会にはあり得ます。たとえば、小さい頃からキャビンアテンダントに憧れて、努力を重ねてきた、という方の中には、コロナの影響で求人自体がなくなってしまった、ということもあるでしょう。変化が激しく、スピードも速い現代では、登ろうと思っていた山が、いつまでもそこにあるとはかぎりません。レッスン30でご紹介しているアダプタビリティを大事にして、新たな環境に適応できる自分を育てましょう。登るべき山が変わっても、ここまで登ってきた中で培われた脚力だったり、ともに登ってきた仲間だったり、登山の経験値だったり、体力だったり。そうしたものは、あなたの身について、奪われることはありません。

レッスン28

ジェラッド（Gellat, H.B.）
　ジェラッドは、不確実性をポジティブに捉える理論を提唱しました。そして、次のパラドックスについて議論をしています。

パラドックス1：現在、あなたが欲していることは、その時になってほしいものではない。
　たとえば、本文で、花さんがもともと住みたいと思っていた場所でないところに住むことになったけれども、実際には満足していたり、光くんが嫌だと思っていたアルバイトが気に入ったりという例が出てきます。まさにこれは、このパラドックス1に当てはまります。
パラドックス2：あなたが知っていることは、知らないほうがいいこともある。

たとえば、合格率がとても厳しい資格試験があったとします。合格率を知らなければ、チャレンジしたかもしれませんが、最初にそれを知ってしまったために、臆病になって受験を諦めてしまう、といったことがあるかもしれません。実際には、毎年、合格率は変動するかもしれません。不確実な数字です。このように、不確実な時代では、知っているために慎重になりすぎて、実行できないことがあります。知らないほうが良いこともあります。

パラドックス3：信じることが、見えること、することになる。

「この道しかない」「この仕事しかない」と信じ込んでしまうと、他の可能性や他の仕事が見えなくなってしまうことがあります。これでなければダメだと強く思い込んだことが実現しなかった場合、他に可能性があるのに、それが見えず、絶望してしまいます。

パラドックス4：4つ目のパラドックスは、**上記の1から3のパラドックスがあるにもかかわらず、「現代社会は、決心することが必要です。強い希望を持って職業を決めて、アクションプランを作成して、サポートを得ると実現します」**というものです。

強い希望を持って決心しても、パラドックス1が教えてくれるように、途中でもっと良い目標が見つかるかもしれません。そして、パラドックス2が教えてくれるように、あなたが得た情報は、完全に正しいとはかぎりません。また、パラドックス3が教えてくれるように、強く信じすぎると他の可能性や選択肢が見えなくなることがあります。

レッスン28では、5年後の自分をイメージするワークを行いましたが、「一度決めたら絶対に達成しなくては」と思わないでけっこうです。ジェラッドの理論を心においてください。つまり、もしもっと良い別の目標が見つかったら、いつでも変更する準備をしておいてください。また、情報は、不確実な情報が多いだけでなく、たとえその情報を得た時点で正確であっても、変化の激しい現代、すぐにそれは古いものになる可能性もあります。そして、頑なになってしまわないよう、柔軟性を持つようにしてください。

レッスン29

人生の意味

レッスン29では、あなたがレッスン0で書き出した「解決したいこと」について振り返ります。本書でワークに取り組み始める前に、解決したいこととは、何だったでしょうか？

ワークを通じて、あなたは自分の「ライフテーマ」つまり人生の意味に触れたはずです。

そこを軸に考えた時、「解決したいこと」の答えは、どうなりますか？　そして、その答えに従って、これから、どんな行動を起こしますか？

　たとえば私（長谷川）が、2016年にライフデザインカウンセリングを受けた時、解決したい課題は、「これからキャリアカウンセラーとして、人々に、より役立つ支援をするためには、どうすればいいのか？」でした。そして、ライフデザインカウンセラーにサポートしてもらいながら出会った私の人生の意味は「大切な人を守る」でした。つまり、私にとって大切な人を守ることをすれば、私はもっと幸せになる、ということです。それがわかって、最後にライフデザインカウンセラーが私に投げかけたのは、「では、あなたは次に何をしますか？　あなたの計画は？」という問いでした。人生の意味がわかれば、次に、何をすれば良いか、未来の行動がわかります。その時、私は驚くほど明快に、その問いの答えを持っていました。「私は、スーパーバイザー（キャリアカウンセラーを指導する役割を担う人）になります。そうすれば、私のクライアントだけでなく、もっと多くのクライアントを守れます」と答えました。本書は、対面のカウンセリングとは異なり、皆さんがワークを通してライフデザインを進めてきました。本書が、ここまで明快に、レッスン0の問いの答えを皆さんが得ることができるサポートになったかどうか、気になるところです。しかし、これから先の人生で、迷ったり困ったり悩んだ時、あなたの「人生の意味」が、きっとヒントを与えてくれることでしょう。

レッスン 30

アダプタビリティ

　サビカス博士は、ライフテーマを実現するために必要なスキルとして**アダプタビリティ**（適応性）を導入しました。変化する環境の中で、適応していくためにアダプタビリティが必要だと考えたのです。

　サビカス博士はアダプタビリティの要素を4つの「C」（concern：人生の意味と目的に関心を持つこと、control：コントロール感を持つこと、curiosity- 好奇心を持つこと、confidence：自信を持つこと）で説明しました。レッスン30のワークでは、各項目に、点数をつけて自己チェックしてもらいました。これを知ることで、変化に適応していくのに、自分は何が得意で、何が不得意なのかがわかります。

　たとえば、ある人は、新しい環境になかなか馴染めなかったことに対して、「あまり先のことを計画したりせずに、なんとなくやってきてしまった」と振り返り、concern（人

生の意味と目的に関心を持つこと）が不足していた、と気づくかも知れません。

　別の人は、先生が言うから、親が言うから、上司に言われたから、というスタンスで生きてきたことを振り返って、自分の気持ちを考えてこなかったと気がつきました。この人の場合は control（コントロール感を持つこと）が足りなかったのかもしれません。

　先の読めない不確定な時代においては、適切なアダプタビリティを持つことが、ライフテーマの実現につながります。

レッスンを終えて

　サビカス博士のライフデザインカウンセリングを軸に、さまざまな心理学をベースにしたワークに取り組んできました。花さん、光くんの例を通して、皆さんは自分自身の人生のストーリーを語り、人生の意味に触れ、ライフテーマを見出されたことと思います。幼少期の出来事が「捉われ」、つまりはプレ・オキュペーションになり、それが職業につながります。たった1つの職業でなく、「捉われをマスターする」職業は幅広く、さまざまな選択肢があることもお分かりいただけたと思います。

　「未来が見えていなかったから、今、何をしていいかわからなかったんですね」という花さんの言葉のとおり、ライフテーマという道標に沿って5年後の自分に出会った皆さんには、「今やること」が見えてきたのではないでしょうか。

　あなたが歩く人生は、あなたの「人生の意味」を追求するプロセスです。花さんは、花さんの人生の意味を、光くんは光くんの人生の意味を知り、晴れやかな表情で一歩を踏み出しました。

　皆さんは、どうですか？　すでに一歩を踏み出している方もいるかもしれません。このページまで読み進めてくださった皆様ならば、転機にさしかかりとまどいを感じたときは、再度自己の人生の意味を振り返り、生きる意味に触れることができるでしょう。人生は、何度でもやり直しができて、その都度、金の糸を手がかりにしてデザインをし直して進むことができます。ライフテーマが GPS となり、進むべき方向を指し示してくれます。迷ったり困ったりした時には、皆さんの大好きな言葉が励ましてくれます。3人のロールモデルも、きっとアドバイスをくれることでしょう。

　偶然出会ったチャンスを自分のものとし、課題を「強み」で乗り越え、周囲と調整しながら、皆さんが自分自身の「人生の意味」を追求していかれることを願っています。

参考文献

※日本語の翻訳本がある場合は、日本語表記にしました。英文を参考にした場合は、英語表記にしました。

Adler, A.（2016）. *4 Book Collection: What life could mean to you; The pattern of life; The science of living; The neurotics constitution*. Timeless Wisdom Collection.

Arthur, M.（1995）. *The Boundaryless Career: A New Employment Principle for a New Organizational Era Career*. NY: Oxford Press.

Bandura, A.（Ed.）（1997）. Self-Efficacy in changing society.［バンデューラ, A.『激動社会の中の自己効力』金子書房, 1977 年（本明寛, 野口京子監訳）］

ボールドウィン, J. D. & ボールドウィン, J. I.『日常生活の行動原理――学習理論からのヒント』ブレーン出版, 2003 年（内田雅人訳）.

ブリッジズ, W.『トランジション――人生の転機を活かすために』パンローリング, 2014 年（倉光修, 小林哲郎訳）.

Csikszentmihalyi, M.（1990）. *Flow: Psychology of optimal experience*. Harper Perennial Modern Classics.［チクセントミハイ, M.『フロー体験――喜びの現象学』世界思想社, 1996 年（今村浩明訳）］

Douglas, T. H.（1996）. "Protean Careers of the 21st Century" *Academy of Management Executive*, *Vol.10*, 4, 8-16.

Flett, G. L.（2018）. *The psychology of mattering: Understanding the human need to be significant*. U.K. Academic Press.

Gellat, E. B.（2003）. *Creative Decision Making: Using Positive Uncertainty*. Crisp Publications.

ガーゲン, K. J.『あなたへの社会構成主義』ナカニシヤ出版, 2004 年（東村知子訳）.

ハンセン, S.『キャリア開発と統合的ライフ・プランニング――不確実な今を生きる 5 つの重要課題』福村出版, 2013 年（平木典子, 今野能志, 平和俊, 横山哲夫監訳）.

Hall. D. T.（1996）. Protean Careers of the 21st Century. *Academy of Management Exective, vol. 10*, 4: 8-16.

Hermans, H. J. & Hermans-Konopka, M. A.（2010）. *Dialogical Self Theory: Positioning and Counter-Positioning in a Globalizing Society*. Cambridge University Press.

Holland, L. J. (1973). *Making vocational choices: A theory of vocational personalities and work environments*. Psychological Assessment Resources. ［ホランド, L. J.『ホランドの職業選択理論──パーソナリティと働く環境』雇用問題研究会, 2013 年（渡辺三枝子, 松本純平, 道谷里英訳）］

Krumboltz, J. D. & Levin, A.S. (2004). *Luck is no accident: Making the most of happenstance in your life and career*. Impact Publication. ［クランボルツ, J. D., レヴィン, A. S.『その幸運は偶然ではないんです！』ダイヤモンド社, 2005 年（花田光世, 大木紀子, 宮地夕紀子訳）］

McMahon, M. (Ed.) (2017). *Career Counselling : Constructivist approaches*. Routledge.

水野修次郎監訳・著『サビカス ライフデザイン・カウンセリング・マニュアル──キャリア・カウンセリング理論と実践』第 6 章「ライフデザイン──21 世紀のキャリア介入パラダイム」pp.79-94, 遠見書房, 2016 年.

Peavy R. V. (2006). *SocioDynamic counselling: A constructivist perspective*. Trafford Publishing.

Peterson, C. & Seligman, M.E.P. (2004). *Character strengths and virtues: A Handbook and Classification*. American Psychological Association/Oxford University Press.

斎藤耕二, 本田時雄編著『ライフコースの心理学』金子書房, 2001 年.

シュロスバーグ, N. K.『「選職社会」転機を活かせ──自己分析手法と転機成功事例 33』, 日本マンパワー出版, 2000 年（武田圭太, 立野了嗣訳）.

杉浦健『転機の心理学』ナカニシヤ出版, 2004 年.

ワイランド, K. M.『キャラクターからつくる物語創作再入門──「キャラクターアーク」で読者の心をつかむ』フィルムアート社, 2019 年（シカ・マッケンジー訳）.

ホワイト, M.『ナラティヴ実践地図』金剛出版, 2009 年（小森康永, 奥野光訳）.

山田富秋『ライフストーリーの社会学』北樹出版, 2005 年.

やまだようこ『人生を物語る──生成のライフストーリー』ミネルヴァ書房, 2000 年.

あとがき

　私たちは、これまで、専門家向けにサビカス博士のライフデザインカウンセリングを紹介する書籍を何冊か出版してきました。一方で、このパワフルで効果的なカウンセリングを専門家以外に広く紹介し、役立てていただけるような本はこれまでなく、「カウンセリングを受けなくても、誰でも自分で取り組めるような本を作りたい」という思いを何年も温めてきました。本書の企画を福村出版株式会社の榎本統太氏にお話ししたところ、「ぜひ、ワークブック形式にして作りましょう」というアイデアをいただき、実現することになりました。この場を借りて、榎本氏には心から謝意を述べたいと思います。

　本書を通してキャリアにまつわる心理に興味を持たれた読者の皆様や、ライフデザインカウンセリングを学びたいというキャリア支援の専門家の方に向けて、「解説」では本文では触れなかった、少し詳しい説明を加えました。専門家にとっての実践的なライフデザインカウンセリング入門書としても活用いただければ幸いです。

　本書は、ただ読むだけでなくて、ぜひ、ご自身でワークを行ってみていただきたいと思います。おそらく、どの年代でも、どの仕事をしていても、なぜ自分は今の仕事をしているのかを再確認できる体験になるでしょう。この不確定で不安定な時代において、本書が、皆様が自分自身でキャリアを切り拓いていく一助になれたらこれほどの喜びはありません。

令和3年8月

水野修次郎、長谷川能扶子

著者紹介

水野修次郎（みずの・しゅうじろう）：一般社団法人ライフデザインカウンセリング研究所所長。麗澤高等学校教諭、麗澤大学教授、立正大学特任教授などを経て現職。
アメリカの大学（George Washington University）でスクールカウンセリング、カウンセラー教育を学ぶ。臨床心理士、1級キャリアコンサルティング技能士、日本カウンセリング学会認定スーパーバイザー。ライフデザインカウンセリング研究所（https://jild.org）では、ライフデザインカウンセリングの個人セッション、ワークショップなどを随時開催。好きな言葉は、「山が近づいてこなければ、私のほうから山に向かって歩く」。自分から動く、という意味。

長谷川能扶子（はせがわ・のぶこ）：米国 Walden University MS in Psychology 修了（心理学修士）、1級キャリアコンサルティング技能士、シニア産業カウンセラー、日本産業カウンセラー協会 /CCA 認定スーパーバイザー。2003 年、キャリア支援を軸とした有限会社 C マインドを起業。女性のキャリア形成支援や、企業研修（キャリアデザイン研修、キャリアオーナーシップ研修等）にライフデザインカウンセリングを導入。キャリアコンサルタントの育成にも力を入れ、C マインド（http://c-mind.jp、info@c-mind.jp）では、「実践：サビカスのライフデザインアプローチ」（厚生労働省指定技能更新講習）を開催。好きな言葉は「当たって砕けろ」。ためらわず、なんでも挑戦してみよう、という意味。

表紙・本文イラスト　田渕 恵
装幀　河原田智（polternhaus）

「仕事」に満足してますか？
あなたの適職・天職・転機がわかるライフデザイン・ワークブック

2021 年 9 月 10 日　初版第 1 刷発行

著　者　水野修次郎、長谷川能扶子
発行者　宮下基幸
発行所　福村出版株式会社
　　　　〒 113-0034　東京都文京区湯島 2-14-11
　　　　電話　03-5812-9702 ／ファクス　03-5812-9705
　　　　https://www.fukumura.co.jp
印刷・製本　中央精版印刷株式会社

©Shujiro Mizuno, Nobuko Hasegawa 2021
Printed in Japan
ISBN978-4-571-24094-2